金师起点·新管理书系

高千帆◎著

管理者积极能量训练

80后管理者必修课

中国财富出版社

图书在版编目（CIP）数据

管理者积极能量训练：80后管理者必修课/高千帆著.—北京：中国财富出版社，2017.1

（金师起点·新管理书系）

ISBN 978-7-5047-6298-6

Ⅰ.①管… Ⅱ.①高… Ⅲ.①管理学 Ⅳ.①C93

中国版本图书馆CIP数据核字（2016）第255298号

策划编辑 宋　宇　　**责任编辑** 齐惠民　于晨苗

责任印制 何崇杭　　**责任校对** 杨小静　张营营　　**责任发行** 敬　东

出版发行 中国财富出版社

社　　址 北京市丰台区南四环西路188号5区20楼　　**邮政编码** 100070

电　　话 010-52227588转2048/2028（发行部）010-52227588转307（总编室）

010-68589540（读者服务部）010-52227588转305（质检部）

网　　址 http：//www.cfpress.com.cn

经　　销 新华书店

印　　刷 北京京都六环印刷厂

书　　号 ISBN 978-7-5047-6298-6/C·0210

开　　本 710mm×1000mm　1/16　　**版　　次** 2017年1月第1版

印　　张 11.5　　**印　　次** 2017年1月第1次印刷

字　　数 147千字　　**定　　价** 32.00元

序

在工作中寻找快乐

很多人都对自己目前的工作感到不满，觉得没什么意思，非常不快乐，满身都是负能量。他们认为工作枯燥无味，自己是迫于无奈才选择了这份工作；或者抱怨自己运气不佳，没有找到一份理想且轻松的工作……

于是他们在工作中愁眉苦脸，唉声叹气，在无聊中等待下班，在碌碌无为中虚度光阴，这样消极的状态害了谁呢？答案不言而喻。

为什么辛勤工作的同时却越来越不快乐？为什么越是努力离快乐越远？职场中的很多人在30岁左右会遭遇自己事业和生活的“瓶颈”，是时候重新调整自己的能量状态了，变消极能量为积极能量是唯一的出路。

那么，怎样才能寻找到工作中的乐趣，并最终获得心灵的满足呢？

若想真正从工作中获得快乐，我们就应该把工作当作一种乐趣和挑战，而不是当作一种刻板、单调的苦差事。学会热爱你的职业，热爱是最好的老师，热爱是最好的能量状态，因为热爱，你才会全力以赴，才可能成功。

爱你所选择的职业不是一句空话，选择一经做出，就不要轻易改变，要尽最大的努力做出成绩。

不要后悔自己的选择和付出，兴趣加上努力，任何一件事情都可能开花结果。生活的快乐与否，完全掌握在自己的手中，当我们把工作变成生活中的一种乐趣时，我们自己也就乐在其中了。一旦心情愉快起来，本来觉得乏味的事情会变得妙趣横生。

在工作中，不管你的心情坏到什么程度，只要你以积极的态度去寻找，就一定会发现无限的乐趣。比如，你可以找出最适合自己的工作方式并且依此方式行事，如此的话，你一定会发现自己的工作会更有效率，而自己也会更快乐。同事之间，朋友之间，要多谦让、宽容一些，大家的关系就会融洽很多，工作氛围也就会变得轻松愉快。家庭生活幸福与否会直接影响工作质量的好坏，因此你在拼搏于职场的同时，也应照顾好自己的家庭……

在工作中，你不仅可以追求快乐，还可以创造快乐，让快乐变成一种工作态度，让自己在工作中开心愉悦起来。要做到这一点并不困难，可以从身边的小事开始，比如，你可以时常保持微笑，发挥幽默感，凡事都往好处想等。

积极努力地去寻找工作中的乐趣吧，不然你的生活就会暗无天日，而选择一份自己喜欢、适合自己的工作既能够使你不断进步，又能让你从中学到技能，你的生命也会因此而更加充盈。

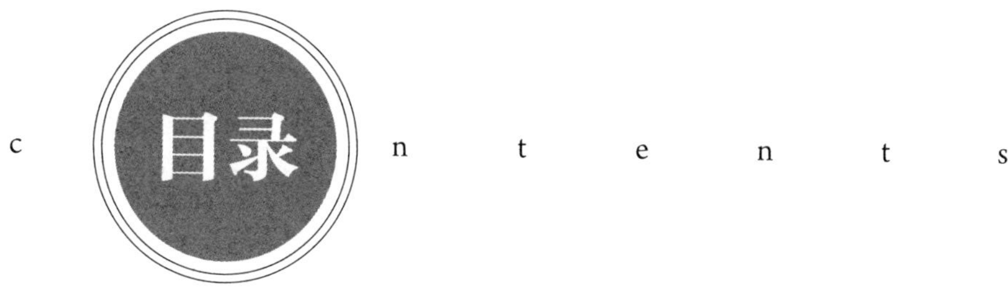

第一部分　积极能量导入

第三部分 能量升华

第一部分

积极能量导入

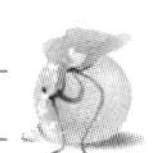

第一章　什么阻碍了你获取积极能量

工作不顺心、生活不如意、家人或朋友关系疏离、努力打拼却徒劳无功、人生一次次陷入低潮……负能量是阻止我们成功的最大障碍，内心的消极力量是让我们一事无成的罪魁祸首。克服负能量，提升积极能量，让你重新步入正轨，找回勇敢上路的决心。

第一节　唯一阻碍你成功的是你自己

人能不能成功，与所处的能量场有关。满足负能量的人难以成功，而拥有积极能量的人往往容易获得成功。

所谓负能量，就是我们内心的负面情绪、心理、思想，比如妒忌、陷害、攀比、贪婪、懒惰等，并表现出冷漠、推辞、抱怨、说风凉话、冷嘲热讽、反唇相讥等富有敌意的言语或行为。这些言语或行为，轻则令人情绪低落，重则让人火冒三丈，想动手打架。而这种情绪，经常出现在同事、夫妻、家人之间，并往往会导致冷战、争执，甚至言语或肢体冲突。

阻碍个人成功的负能量主要有负面情绪和负面心态。

1. 被负面情绪所羁绊

一个散发负能量的人，会被各种负面情绪所羁绊，难以自拔，并且恶性循环。要想走出负面情绪，需要从自身做起。在这个世界上，你很难改变一个人，但是你可以改变自己。

能解决负能量的办法只有一个，那就是训练自己控制情绪的能力，提高自我修养，令自己掌握正确处理各种压力的能力，不受外界负能量影响。

这是一个长期的过程，但是值得去做。控制负能量增长，包括不再抱怨、不说闲话、不耍脾气、不打断他人说话、遇到令你生气的事情安静两分钟再开口、遇到烦人的事情不烦躁等。

在公司里，领导起的是导向作用，领导的举止言行往往会对这个公司产生不可估量的影响，人们常说：领导喜，大家喜；领导怒，大家怵；领导哀，快躲开；领导乐，趁机表功准没错！

如果你问身边的朋友，上司的情绪会影响到你吗？答案当然是肯定的。哪怕是公司里一向善于控制情绪的部门主管们，也会群起激愤地喊道："当然会，别说上司对我发火，就是他的一个不愉快的眼神，一个细小的动作，都会在我心里激起层层的波，都会影响我对事情的判断与决定……"

总之，一个老板的承受能力有多大，他的事业就有多大。一个点火就着、有着坏脾气的老板，他的公司往往是短命的。

2. 被负面心态所操纵

一个散发负能量的人，还会被消极的心态所操纵。拥有负能量的人，往往仅会看到事物的负面因素。比如，两个口渴的人面对同样的半杯水，负能量者会说："真不幸，只有半杯水了。"而积极能量者则会说："真好，还有半杯水呢！"

没有什么事情是做不好的，关键在于你所处的能量状态。事情还没有开始做的时候，负能量的人就认为它不可能成功，这就导致你在做事情的时候不认真，事情也就不会有好的结果。如果你是一个充满负能量的人，那么唯一阻碍你成功的就是你自己。

案例分享：

三个年龄、技术水平都相仿的工人在砌一面墙。一位记者过来问你们在干什么？第一个工人心不在焉地说："没看见吗？我在砌墙。"第二个工人抬头看了一眼记者，说："我们在盖一幢楼房。"第三个工人真诚而又自信地说："我们在建设一座城市。"十年后，第一个工人仍然在一个工地上砌墙；第二个工人坐在办公室里画图纸，他成了工程师；第三个工人成了一家房地产公司的总裁，是前两个人的老板。

成功与否的关键在于你处于什么样的能量状态，你对一件事情持什么样的态度，是积极的还是消极的，你付出了多少，就会相应的出现什么样的结果。

仅仅十年的时间，三个人的生活就发生了截然不同的变化，是什么原因导致了这样的结果？是态度！拥有负能量的人，就会具有负面的心态；拥有积极能量的人，就会拥有积极的心态。

一个人有什么样的心态，就会有什么样的追求和目标。具有积极、乐观心态的人，其人生目标必然高远。有了高远的目标，必然会为之努力，一分耕耘，一分收获，有努力才可能有回报。反之，拥有消极心态的人，成功对于他来说，实在是很遥远的事情。

有时候看看我们的同学、朋友、战友、同事，当年都处于同一个起跑线上，可是，十年过去了，你也许会突然发现，有些人比你更出色、更优秀。你为此感到迷茫，甚至埋怨命运的不公。其实，并不是他们有得天独厚的条件，事实上你和他们一样出色。如果你今天的现状与他们不一样，也许只是因为你的心态和他们不一样。他们可能只是比你更加积极，更加自信，更加阳光，更有勇气，更有意志力。

拥有积极能量，可以决定一个人的成长高度，干任何工作，干任何事情，都是如此。一个人的态度决定了他能否把这件工作、这件事情做得更完善、更完美，同时，也决定着一个人能否走上更高的职位。

第二节　消极力量注定让你一事无成

拥有积极能量，是人们进行广泛社会活动的必要条件，它可以让你从困境中搏出希望，从平凡里创造辉煌。相反，消极的人往往缺乏对美好的向往，被痛苦所困。所以，要想提高自我实现的能力，就需要克服人生中的消极力量。

1. 自卑

自卑的人，只看到自己的不好，不知自己的长处，甘居人下，缺乏自信，不愿进取，更谈不上发挥自己的优势和特长，这样类型的人往往办事

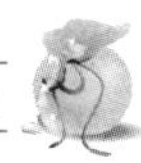

畏首畏尾、唯唯诺诺。如不克服自卑，就会逐渐消磨人的斗志，无法苏醒心中美好的渴望，生命也就不会葳蕤出一派春光。

2. 冷漠

冷漠的人，往往言辞尖刻、态度傲慢、高视阔步、孤芳自赏、不愿与人交际。冷漠会使人活泼、天真、浪漫的天性遭到压抑，心胸变得狭窄、郁郁寡欢，最后往往是良知被愚弄、心灵被摧残，心中斑斓的梦想从此不会飞翔。

3. 猜疑

猜疑心重的人，喜欢捕风捉影、节外生枝，总用不信任的眼光看待外界的一切事物，不断地制造隔阂，最后是自寻烦恼。猜疑会使人心情颓丧。猜疑心重的人不管是在家庭中，还是在单位里，都无法昂扬扫荡路上荆莽，窥见迷人的风光。

4. 怯懦

怯懦之人，往往性格内向、不善辞令、胆小怕事、阅历较浅。由于怯懦，不管在何种环境，都不敢随意发表自己的意见，即便酝酿已久的计划也不敢实施。

懦弱是束缚人思想行为的绳索，压抑的情绪时时会将人阻挡，无法顶破岩石，伸展出秀美的葱茏与茁壮。

5. 排他

具有排他心理的人，不愿接受别人好的建议和新事物，自我封闭，宁愿抱残守缺、墨守成规，也不去延伸认识的触角，拓宽思维领域。这样类型的人容不得阴晴云雨，无法纳万般天象，心灵缺少一扇沐浴阳光的天窗，当然就看不到希望之光。

第三节 从负能量转换至积极能量

人们之所以具有消极能量，与一个人的思维方式有关。消极的思维方式是造成痛苦的根源。消极思想能使人与人之间不和谐；能使家人之间矛盾不断；能使个人钻在狭隘中无法自拔；能使自然失去生态平衡；能使我们生存的环境灾祸不断等。

1. 消极思维方式

现实生活中，思想消极的人，往往会疾病缠身。究其原因，人有五脏六腑，正常运转靠大脑指挥，当我们的思维出现问题时，思维就会丧失对身体的调控能力。如果思维不正确，任何问题到我们这都会越闹越大，就会形成事事不顺的状态。

积极向上的人，面对问题能积极应对，凡事不狭隘、不消极、不乱猜想，能够把任何事情理顺。

由此可知，身体的病痛有很大一部分源于不正确的思想观念。如何去除病根？治病先治心。狭隘、消极、自私、斤斤计较的思想观念不改变，现在的病痛就很难根除。

如果你认识到消极的思维方式是造成痛苦不断的原因，就赶紧行动起来，做自己的主人，不要让任何消极、狭隘的东西困扰着自己，做一个生活的强者，遇难就解，遇坎就迈，动用智慧，千万别动情绪，用爱善待自己，善待他人，这样，才能把握住自己的命运。

2. 改掉消极的坏习惯

假设你有种坏习惯，总是不断重复某种消极的想法，并假设这想法跟生活中的事件并无关系，仅仅是种消极的念头，诸如“我好沮丧”或“我讨厌我的工作”或“我干不了这个”或“我讨厌变胖”。被这样的思想占据脑海时，你该如何才能改掉这种坏习惯呢？

我们先看一个案例，从中可以得出一些启示。

案例分享：

四个应届毕业生被学校推荐到报社应聘，结果唯有小王落选。其他三位同学进了报社之后，彼此默默地展开了竞争，每个人的发稿量均在报社名列前茅，且不失颇具影响力的佳作。这时，在某中学任教的小王，时常感慨命运不济，否则，凭自己的文学功底，丝毫不会逊色于那三位同学的。而现在，自己只能待在小小的校园里，看不到外面的精彩世界。他的内心满满的都是负能量。

一日，小王带领学生去大山深处探访一位剪纸老人。他惊讶于那位一生未曾走出大山又不识字的老人的高超娴熟的技艺——只见他随手拿起一张纸，折叠几下，剪刀如同画笔，眨眼工夫，便魔术般地变出了一幅精致的作品。轻巧的构图、顺畅的线条，那样自然、巧妙，又那样美观、大方。他和学生都看得目瞪口呆。

他禁不住问老人：“您几乎足不出户，是怎么剪出这么漂亮的图案的？”

老人笑了笑回答：“因为我心里有个精彩的世界，才能在手上表现出来啊！”

他怦然心动，原来自己总以为只有面对精彩的世界，才能有精彩的创造，殊不知如果暗淡了心灵，即使面对再精彩的生活，也会熟视无睹。

此后，他怀着满腔热情边教书边写作，他的精美文章频频地出现在各类报纸杂志上，他利用寒暑假采写的纪实作品也连连获奖。他的转变，在于从负能量场到积极能量场，这种改变，成就了他的人生。

数年后，小王又考取了研究生，后来成为一所高校里颇受同学敬佩的副教授，还是国内颇有名气的自由撰稿人，其名气早已远远超出了那三位当初让他羡慕不已的同学。

是的，精彩的内心，在某种程度上可以决定自己的人生命运，心有多高，你就会飞多高。改掉消极的坏习惯，以积极的态度面对人生，你就可以达到原来无法企及的目标，冲破原来认为难以跨越的藩篱。世界上没有做不好的事，只有态度不端正、心灵不阳光的人。做任何事情，都要有一个好的态度。

就个人而言，职业竞争表面上看是知识、能力、业绩的竞争，实质上却是职业心态和人生态度的竞争。积极的心态比黄金还要珍贵，还要稀缺，积极的心态是个人最核心、最根本的竞争力。以积极的心态立即行动，就可能获得充实向上的人生。

那么有没有办法，将消极的思维、消极的态度，给扭转过来，变成积极的思维模式呢？

消极思维模式非常顽固，你越是想从心底抗拒，却越可能适得其反——你把情况弄得更糟，消极的念头会更强烈。你越是用同样的办法去

刺激那些神经元，原有的思维模式就会越稳固。由于恶性循环，消极思维的人越陷越深。

然而，这里有一种小方法，是我用来破解消极思维模式的。你不要试图去抗拒消极思维模式，相反，你要让它改道。

假设你的消极思维是默念式的，也就是说，你仿佛听到脑海中有个声音在念叨着某种你想改变的事，比如，“我是个傻瓜”。如果这种消极思维是图像式的（脑海中的图像）或是身体知觉式的（内脏不舒服），你也可以用与此相似的方法。在很多情况下，这些念头会以三种形式（图像、声音和知觉）结合的方式出现。

以下是具体步骤：

第一步：把消极思维图像化。

把脑海中的小声音转换成相关的图像。比如，如果你想的是“我是个傻瓜”，那就想象自己戴着一顶小丑的帽子，穿得非常可笑，像个傻瓜般跳来跳去。想象你被许多人围观，你一边大叫“我是个傻瓜”，大家一边对你指指点点。场景越夸张越好。想象明亮的颜色，生动的形象以及快速的动作。在脑中一遍遍演练，直到你每次一有这种消极念头，脑中就会自动出现这个愚蠢的场景。

如果你觉得把它图像化很难，也可以用上述办法把它听觉化。把消极思维转换成声音，比如你哼唱的旋律。用声音取代图像，完成上述过程。无论哪种方式都会生效。

第二步：选择一种替代想法。

现在，决定用哪种想法来替代那个消极想法。如果你一直在想：“我是个傻瓜”，也许你会用“我是个天才”来替代。选一种能破除原有消极想法造成的影响的新想法。

第三步：把积极思维图像化。

现在重复第一步的过程，用积极思维建立一个新的思维场景。就“我是个天才”这个例子而言，你可能会想象自己傲视群雄，像超人那样双手叉腰站着。想象你头顶上方出现了一个巨大的灯泡。灯泡亮了，光芒如此炫目，你看见自己正在大喊：“我是个——天——才！”再次不断演练这个场景，直到想到这句话时就会自动出现这个场景。

第四步：在心里把两幅图像相关联。

现在，在心里把第一步和第三步想好的场景关联起来。你要把第一个场景变成第二个。你可以假想自己是个电影导演，现在已经有了开头和结局，因此必须设计出中间的过程。但你的电影只有几秒钟，所以你要想个办法让剧情尽可能快地发展。

比如，第一场景中的围观者之一可能会朝那个愚蠢的你扔一个灯泡。愚蠢的你抓住了灯泡，把它拧在那个人的头顶上，他疼得缩了回去。灯泡立即变得巨大，并发出炫目的光芒，让围观者都睁不开眼睛。你扯下自己可笑的衣服，露出里面华丽的白袍。你像超人般昂首挺胸，自信满满地喊道：“我是个——天——才！”围观者纷纷下跪，朝你顶礼膜拜。同样，场景越夸张越好。夸张能让你更容易地记住，因为我们的大脑天生就喜欢记不寻常的事物。

一旦你把整个场景都想好了，就再快速地演练几遍。不断重复整个场景，直到你可以在两秒之内把它从头到尾想完，一秒之内就更好了。它必须迅速闪现，比你在现实世界里看到的要快得多。

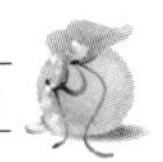

第五步：测试。

现在，你得测试一下这种思维转换，看是否生效。这很像是 HTML（超文本标记语言）的转向——当你输入旧的网址，它会转换成新的网址。当原来的消极念头涌现出来，头脑就会自动把它变成积极场景。消极的念头一闪，你就应该能迅速想起积极的念头。如果你前面的步骤没做错，那积极的念头你想抑制都抑制不了。消极想法是你的头脑自动运行整个模式的源头。所以，无论何时，只要你突然想到“我是个傻瓜”，在你反应过来之前，这个念头就会变成“我是个天才”。

如果你以前从未练习过图像化，那完成整个过程可能需要几分钟或更久。熟能生巧，一旦习惯了，全过程只需几秒就能搞定。别因为一开始速度太慢而觉得气馁，这是一种可习得的技巧，跟其他任何技巧一样，在第一次用时也难免笨手笨脚。

我建议你用不同类型的场景来试验。你很可能会发觉，有些类型比其他类型更有效。把注意力放在关联和解除关联方面。当你关联一个场景时，你要想象自己是通过眼睛看到的（也就是第一人称视角）。当你解除关联时，你要想象看到自己身在场景之中（也就是第三人称视角）。通常，当我用两种场景来解除关联时，能获得最佳结果。你的结果可能更多样。你从解除关联到关联，或是反过来，你可能都得做一些心理成像的工作，但只要练习就能学会。

3. 激发积极能量，做最优秀的自己

我们知道，积极能量可以给予人向上和希望，促使人不断追求，让生活变得圆满幸福。这种力量可以使我们变成一个全新的自我，让我们变得更加自信、充满活力、有安全感。

每个人的身体中都蕴藏着无穷的积极能量，有的人至今贫穷，有的人没有成功，有的人没有收获爱情，有的人悲观失望，究其原因，是他们没有用慧眼去辨识、没有用心去挖掘自身所拥有的积极能量，没有将自身的负能量及时转化为积极能量，所以没有实现自身的突破。

也就是说，只要我们努力去修炼，接纳积极能量，创造积极能量，传播积极能量，我们自身就会成为一个爆发力强、取之不尽、用之不竭的积极能量源。积极能量可以让人活力四射，让世界充满朝气。

激发积极能量，做最优秀的自己，让我们变得更加自信、乐观，也更有安全感！一旦你内心沉睡的巨人被唤醒，可以大幅提高你做事的成功率，释放出你的无穷潜能！

案例分享：

李维斯曾像许多年轻人一样，怀揣发财的梦想和满满的积极能量，前往西部淘金。一天，一条大河挡住了他前往西部的路。苦等数日，被阻隔的行人越来越多，但都无法过河。于是陆续有人转往上游、下游，绕道而行，也有人打道回府，更多的则是怨声一片。

李维斯的反应让人们惊讶，他不但没有沮丧，反而非常兴奋地不断重复着对自己大声说：“太好了，大河居然挡住了我的去路，上天又给了我一次成长的机会，凡事的发生必有因果，必有助于我。”

果然，随后他真的有了一个绝妙的赚钱主意——摆渡。没有人因为吝啬一点小钱而不坐他的渡船过河，因此，他人生的第一笔财富居然因大河拦挡而获得成功。

一段时间后，摆渡的人多了起来，他决定放弃，并继续前往西部

淘金。来到西部，到处都是人，他买了工具，找到一块合适的空地，便开始淘起金来。没多久，来了几个恶汉，围住他，叫他离开，说那是他们的地盘。他刚想理论几句，那伙人便失去耐心，对他拳打脚踢。

随后，他又连续几次被人殴打，淘金致富的想法越来越渺茫了。不过，李维斯没有灰心，他又想出了另一个绝妙的赚钱主意——卖水。西部缺水，可似乎没人能想到它，不久他卖水的生意便红红火火开张了。

慢慢地，也有人参与了卖水行业，再后来，卖水的人越来越多。终于有一天，在他旁边卖水的一个壮汉对他发出了最后通牒："小个子，以后你不用再来卖水了。从明天早上开始，这个地盘归我了。"他以为那人是在开玩笑，第二天依然来了，没想到那家伙立即冲上来，不由分说，便对他一顿暴打，最后还将他的水车也一起拆烂了。

李维斯不得不再次无奈地接受现实。然而当这家伙扬长而去时，他却立即开始调整自己的心情，再次强行让自己兴奋起来，不断对自己大声说："太好了，这样的事情竟然发生在我的身上，上天又给了我一次成长的机会，凡事的发生必有其因果，必有助于我！"

他开始再次调整自己注意的焦点，后来他发现西部人的衣服极易磨破，同时又发现西部到处都有废弃的帐篷，于是他又有了一个绝妙的主意：把那些废弃的帐篷收集起来，洗干净，缝出了世界上第一条用帐篷做的牛仔裤。从此他一发不可收拾，最终成为举世闻名的牛仔裤大王。

李维斯的成功让我们认识到，凡事有利有弊，如果你身体充满了负能量，只看到不好的一面，你就会消极对待事情。如果你身体充满了积极能量，看到了好的一面，你就会积极主动的行动，化不利为有利，做最优秀的自己。

充满积极能量，凡事从好的方面想，就会看到希望，有了希望才能增添我们生活的勇气和力量。所以，当我们遇到挫折的时候，首先要去想：太棒了！这种事居然发生在我身上，我的人生又多了一次体验！

激发积极能量，运用到实际行动中去，每天进步一点点，才能自我升值，产生“核聚变”，做更优秀的自己。聪明的员工懂得去学习、去进步，愚蠢的员工却在不思进取、自我满足中被淘汰。优秀的员工会在工作中学习怎样去进步，因为他们知道，今天的一小步，就是明天的一大步，是成功过程中量的积累，最终会达到自我升值“核聚变”。

一个成功者，全身充满了积极能量，每天在工作之中都会要求自己有所改变、有所进步。他们害怕退步，恐惧落后，因此，他们总是自强不息地力求让自己每天的工作都有所进步。

那些能持之以恒、忘我工作的人，往往就是最后获得成功的人。成功就是简单的事情重复去做，成功就是每天进步一点点。一个人如果能坚持每天进步一点点，哪怕是1%的进步，也可能取得最终的成功。

自古云：逆水行舟，不进则退。人生如此，职场更是这样。每天都要进步，这是职场的生存之道。无论你从事什么职业，无论你现在多么优秀，永远不要说你做得够好了。只有不满足现状，激发自己更多的积极能量，才能不断地进步，不断地追求卓越。在这个追求更好的过程中，你也会不断地进步，从一般的优秀变成更好的卓越。那么你想要的成功也就和你越走越近了。

优秀的员工都知道在工作中学习，对他们来说，工作永远不会有“足够”这个概念，工作更多的是精益求精，不断地追求更高的目标。不满于现状不断挑战自我的人，才能在激烈的职场竞争中脱颖而出，成为公司领导所器重的员工。

自我满足能阻滞你的积极能量。当一个员工对他所做的一切都感到满足的时候，那么这也是他事业停滞不前的时候了。自足的开始，也是骄傲的开始。自足的人总认为有点成绩就可以停止努力，这样的人到最后会被公司及老板所弃，这是我们应该引以为戒的。

职场上优秀的员工总是善于学习，不满足现在的成绩，因此他们一次次地创造出职场的奇迹。愚蠢的员工总是容易对自己的小成绩感到满足，不思进取，停步不前，最后也因此丧失一份好的工作。

这是积极能量对我们的要求，把事情做到最好，是对别人负责，更是对自己负责。当你把事情做得最好的时候就会发现，你付出的所有辛苦都会得到回报，这也是职场竞争制胜的法宝。

第四节　管理者能量测试

现实告诉我们，思维方式决定了一个人的命运和前途。下面，就让我们来做一个能量测试，了解一下自己的能量状态。

1. 对金钱的思维方式

消极的人	积极的人
我办不到	我怎样才能办到
我不可能赢	我一定要赢

续 表

消极的人	积极的人
我不富有的原因是我有孩子	我必须富有的原因是我有孩子
要是我再年轻一点	我还很年轻
我受的教育有限	我会不断学习
要是我老爸给我留下……	成功要靠自己
稳定的工作就是一切	不断进取才是一切
赚钱的时候要小心，别去冒风险	要学会管理风险
我没有资金	我想办法找资金
我可买不起	我要想办法买得起
钱不好赚	赚钱很容易
贪财乃是万恶之源	贫困才是万恶之本
我对钱不感兴趣	我的爱好是让钱生钱
钱对我来说不重要	钱对我来说有一定人生价值
我要为赚钱而工作	我要让金钱为我工作
我从不富有	我是一个有钱人
这是一个贫穷的世界	这是一个富有的世界

2. 看待问题的角度

消极的人	积极的人
在问题面前束手无策	想办法解决问题
心灵是封闭的	头脑是开放的
观念是陈旧的	观念是崭新的
只说不做	语言后面跟着行动
看结果做事	看趋势做事
只看消极与失败的一面	先看积极和光明之处
在失败面前找借口	在失败之后找原因
字典中总有“不可能”	字典中没有“不可能”
不愿合作，不会利用人际关系	喜欢与人合作，会利用人际关系

续　表

消极的人	积极的人
目光短浅，斤斤计较眼前得失	目光远大，不会计较一时之利益
总觉得时间富裕，无所事事	总觉得时间不够用，忙于做事
总想休息，工作并痛苦着	热爱事业，工作并乐着

3. 理财的方式

消极的人	积极的人
等待天上掉下礼物	不断寻找新的“乳酪”
渴望中奖	奠定基业
鸡蛋里挑骨头	只找下金蛋的鸡
期待不劳而获	知道只有付出才有收获
贫穷是长久的	破产是暂时的
努力存钱	不断地投资
千方百计节约钱财	想方设法创造财富
购买负债	购置资产
口袋空空，脑袋也空空	口袋充实，脑袋更充实
甘心打工	愿当老板
总想去远方寻找宝藏	“钻石”就在脚下

4. 对待人生的选择

消极的人	积极的人
抱守残缺，不知变革	锐意进取，开拓创新
遇到挫折就放弃，还没做事就失败了	跌倒了再爬起来，不达目的不罢休
什么都想做	先做好一件事
总想找个好工作	一心要办个好公司
总是更努力地工作	总是更聪明地工作
是别人船上的海员	是自己命运的舵手
空想家	梦想家

续 表

消极的人	积极的人
空谈者	实干家
坐等最佳时机	抓住每一个机会
人生是个迷途羔羊	人生是惊醒的雄狮
做成事要靠运气	“黄金”就在脚下
寄希望于下一代	要给子女打天下

第二章 积极能量可以改变一切

当你为一些小事而发愁抓狂，因为一些负面因素影响心情时，说明你还缺乏积极的能量，正面的气场还不够强大。你需要聚集能量，历练心智，让积极的能量无处不在。

第一节 积极能量能战胜人性弱点，驱赶生活阴霾

从人性上来讲，积极能量的重要作用就是：完善人的性情，弥补人性的不足。

1. 驱赶消极的气场

如果你是团队中的一员，当你在清晨走进公司的时候，发现一种不同寻常的团队的“味道”。“嗨，今天大家不怎么兴奋?”你感受到了，许多人的眼光充满沮丧，做事也慢半拍。

“听着，哥们儿，公司的股票下跌了，损失惨重。”“喂，老板卷款逃

跑了，我们事实上已成为失业者!”类似这样的坏消息，它在一瞬间让团队成为消极的集体，毫无创造力。你置身其中，会感受到那种苦涩的具有强大传染性的气氛。这就是一种消极的气场。

这种传染性的气氛，经常也会出现相反的效果。比如，当你懒洋洋地走进公司，正想趴在桌上小睡一觉，因为昨晚你打了通宵的电子游戏，身体疲惫极了。但是你无法这样做，因为所有的人都在拼命工作，他们比你早来半个小时，现在已经进入了一种拼命向前冲的工作状态。我相信你立刻就像被浇了一盆凉水，会变得清醒，马上变得像他们一样兴奋，融入团队的积极气场。是的，无论是积极还是消极的气场，它都会改造人。

生活从来都是不完美的，如果你总是消极地看待问题，将缺陷放大，那么你眼前的世界将是黑暗无比，这就是人性的弱点。唯有那些心中充满了积极能量，热爱生活、拥抱生活、感激生活、乐观上进的人，他们永远用最积极的态度对待生活，所以不管贫还是富，他们永远是积极的，让人乐于接近的，他们能用积极的人生态度来对抗人性的弱点。

案例分享：

罗马帝国的“创业者”恺撒大帝有一次乘船出海，途中突遇狂风巨浪，水手们面对突如其来的灾难，个个惊慌失措，乱作一团，以为这次在劫难逃了。满船人只有恺撒稳坐船中，镇定自若。

他对着惊慌失措的人们大喝一声：“有我恺撒在，你们怕什么!”此言一出，大家马上镇定下来，并同心协力战胜了风浪，安全返航。人们都以为恺撒得到了神助，其实，帮助恺撒的只是他对生活中的一切都做好了准备的这种稳定成熟、处变不惊的心态。

不畏风浪，安之若素，方能成就不凡的人生。培养一种凡事都可为的态度是非常重要的。

人生好比一杯茶，从茶叶在沸水中沉浮几许，散发出香远逸馨的醉人芬芳，到冷却浓缩成平淡如水的生活，不过是短短的几十年。

所谓的成功与辉煌不过是茶香发挥到极致的那一瞬间，不要为了那样一个短暂的一瞬，而让更长久的时间处于对欲望的过度追求和贪婪中，把自己陷入无尽的痛苦中无法自拔。我们应该以一种平和的态度，微笑着面对生活中一切自然的恩赐，用积极能量来战胜人性的弱点。

2. 增强你的意志力

意志力是人性格中的重要组成因素，对人的一生影响重大。意志力是一种积极的能量，能够驱赶生活中的阴霾。人们要获得成功，必须要有坚强的意志力做保证。

先贤孟子说过："天将降大任于斯人也，必先苦其心志，劳其筋骨，饿其体肤，空乏其身，行拂乱其所为，所以动心忍性，增益其所不能。"这段话，生动地说明了意志力的重要性。要想实现自己的理想，达到自己的目的，需要具有火热的感情、坚强的意志、勇敢顽强的精神，克服前进道路上的一切困难。下面这个关于孔繁健的典型案例，就是很好的佐证。

案例分享：

20世纪七八十年代，清远市清城区龙塘镇和石角镇的电子垃圾折解行业逐步发展壮大，成为当地的支柱行业。据官方统计数据显示，清城区电子垃圾拆解行业巅峰时期，非法拆解散户总数超过4000户，从业人数超过3万人，行业辐射人口超过10万人，每年的拆解加工量达到30万吨。

产业规模越做越大，却对当地的环境造成了极大的破坏。当地的非法拆解户为了一己私利，焚烧洋垃圾，周边居民天天晚上受臭气荼毒。

“2011年年底搬过来时，气味就很重了，一般晚上8点后更臭。”北部万科城业主孔繁健如是说。北部万科城位于清远和广州交界处，附近还有多个大型在建楼盘。

从2011年开始，很多广州年轻人在这里买房，成了“候鸟”。谁知住进去之后，却被当地附近村民焚烧洋垃圾弄得不堪其扰。北部万科城的配套小学距离焚烧点最近，居民普遍反映，家里一到晚上八九点就得关窗，不然会有臭气飘进来，“烧垃圾的味道，很恶心，有一次我被熏得去厕所吐了。”有居民说。

在这种情况下，有些业主忍无可忍之下又逃回了广州。

面对自己的家园遭到毒气的毒害，以孔繁健为代表的业主，展开了不懈的维权行动。为了维权，业主们不仅时不时去村里暗访拍照，还动用了航拍器进行航拍取证，“结果是触目惊心，几乎每家每户的院子里都堆放了大量洋垃圾，地面被烧得黑漆漆。”

在孔先生的带领下，在与“毒气”的抗争中，他们体现了坚强的意志力和不屈不挠的斗志。在他们的努力下，环保部门也对此进行回应，龙塘镇镇长何瑞能表示：园外拆解散户都是非法的，目前已经给周边村小组、村民做工作，让村民不要将住房租给拆解散户，一旦发生违法案件，出租业主也要负连带责任。

北部万科城的空气正在变好，这与以孔繁健为代表的业主不屈不挠的维权是分不开的。

失败不一定是成功之母，但意志坚强却一定是成功的保证。世上的成功，很少有顺顺利利的，缺少了坚强的意志，我们就很难跨越那些沟沟坎坎，也很难取得最后的成功。

一个意志坚强的人，在任何的艰难困苦之下，都能给自己和他人带来力量。人都应该学会坚强，懂得坚强。坚强是一个人战胜困难的法宝，相信坚强的力量，会让你尽快逃出困苦。

虽然很多人都在谈坚强，但他们只是把坚强挂在嘴边，一旦遇到挫折，还是不能勇敢地面对。只有走过黑暗与沉重的人，才能明白坚强的含义。因为经历过了岁月的历练，他们已经明白，所谓的坚强，就是化挫折为动力，化消极为积极，永远保持一颗坚韧的心。

用生命诠释什么是意志坚强的例子太多太多，生活中对于坚强的呼唤与需要几乎是普适性的：升学、事业、失恋，甚至生老病死等。人们赞美这些人，不仅仅是因为他们的成功，更因为他们面对挫折时的那份坚强的意志和对自己所从事的事业的无限热爱。

第二节　积极能量让生活充满阳光，解开你幸福的密码

很多时候，幸福不是你拥有得多，而是我们计较得少。拥有积极能量，恰恰能给你这样的心态，让你的生活充满阳光，让你知足，让你安逸，轻松地拥抱幸福。拥有积极能量的人，生活是幸福的，因为在他们的

世界里没有欲望和无畏的追逐。

1. 心态积极，处处有光

心中没有花香的人，势必难以发现花朵的明媚！心中没有阳光的人，势必也难以发现阳光的灿烂。幸福的人内心充满了积极能量，能把握幸福，心中装满阳光。

罗曼·罗兰曾说："要挥洒阳光到别人心里，先得自己心里有阳光。"出色的艺术家能把丑陋的石头刻成面带笑容的美丽雕像，平庸的路人却看不到路边美丽的景色，这一切都取决于人的心里是否充满了积极的能量，是否装进了阳光。

案例分享：

某日，无德禅师正在院子里锄草，迎面走来一位信徒向他施礼，说道："人们都说佛教能够解除人生的痛苦，但我信佛多年，却不觉得快乐，这是怎么回事呢？"

无德禅师放下锄头，安详地看着他反问道："你现在都忙些什么呢？"

信徒说："人总不能活得太平庸了吧，为了让门第显赫，家人风光，我日夜操劳，心力交瘁啊。"

无德禅师笑道："怪不得你活得不快乐，原来你心里装的都是苦闷和劳累，你怎么能快乐呢？"

信徒顿悟，叩谢而去。

拥有积极能量的人，心中充满阳光。阳光给我们带来光明、绿色和希望。人生在世，心中也必须保留一缕明媚的阳光，只有这样，生活才能有

声有色，有滋有味。我们都有这样的感受：连续几天阴雨绵绵，心口就像塞了一团东西，堵得慌。同样，心中没有阳光，心情就会郁闷和沉重。

人是哭着来到这个世界的，在某种程度上它预示着人生的悲哀和痛苦。现实生活中，苦难也确实像飘荡在空气中的尘埃，随时都有可能降临。这就需要我们打开心灵之窗，让灿烂的阳光充满心田。只有这样，我们才能宠辱不惊，从容处世，冷静面对人生的磨难。

阳光可以让人脸上绽放笑容，是因为它源于内心的一种感悟，源于内在的一种沉淀，是一种积极的能量，是对人生的一种解读。阳光，是一种温暖的感受；阳光，是一种积极的心态；阳光，是一种向上的精神；阳光，是思想个性的完善，是言谈举止自然流淌出的浓浓爱意，更是一种人生开阔而明朗的境界。

一个成熟的心灵，最基本的要求是保持阳光般的心态和拥有一张阳光般的笑脸。把阳光请进家里，放在心里。这样的心灵被纯粹的美、圣洁的事物打动，连心灵里那些皱褶的部位，藏着细小阴影的部位，都会被苍穹下那一轮慷慨淡定，纯正耀眼的红日完全照亮。

心里有了阳光，即使生活给予了你黄连似的苦楚，你也能在阳光与露水相遇时，以乐观豁达把黄连、阳光、露水勾兑出人世间最可口的绿色饮料。

心里有了阳光，就会有一种积极、乐观的心度。这种心态是积极、知足、感恩、达观的一种心智模式。心态决定选择，选择决定命运。生命的质量取决于你心中阳光的分量。人的起点都是一样的，但只有心态好的人才能从阳光中吸取到积极的能量，才能以一种积极乐观的态度去享受生命，体验别人体验不到的靓丽人生。

宁静以致远！对朋友真诚，就要敞开心扉，坦诚相见；对人对事，要给予信任和理解；不用猜忌，更无须去抱怨，让自己的心灵之湖荡漾清波，让自己的心中充满阳光，用自己的博爱之心来感染他人，温暖他人，幸福你我……

2. 心中有爱，构筑幸福家园

一个充满积极能量的人，从不缺乏爱心，更有力量迎接人间的一切幸福和痛苦，在幸福的时候体会到生活的乐趣，在痛苦的时候感受人间最美的真情。心中有爱，才能穿越人生的风雨，给心灵构筑爱的家园。

没有爱就没有家，更没有幸福，只有用爱才能构筑幸福的家园，因为爱的力度，决定你的幸福度。

案例分享：

一个小伙子早年创业，血本无归，半个月下来，身无分文。但他血气方刚，不甘心如此狼狈地回去。有一天，他实在饥渴难忍，于是，来到一家小面馆，对老板说，只要给碗面吃，要他做什么都行。

老板拒绝了，将他赶出面馆。就在他走投无路时，老板的女儿走出来，说服父亲，而且亲自给他做了一碗打卤面。

他感觉那是他一生中吃过的最好吃的东西，面条清爽可口，卤汁有滋有味。

后来，他事业有成，老板的女儿成了他的妻子。每次做面，她都能用最普通的食材做出最可口的饭菜。

可是渐渐的，他对妻子厌倦了，在外面另有新欢，最后向妻子摊牌。没想到，妻子很平静地接受了。说完便到厨房，开始给他做最后

一次打卤面。他的心里很难受，心想以后再也吃不到这种味道的面了。

这碗打卤面做得很不好吃，面条煮过火了，卤汤里一点味也没有，甚至卤汁里还忘了放鸡蛋。他抬起头，很诧异地看着妻子，忽然，他发现妻子的眼睛里血红血红的。

原来她刚才的镇定是装出来的，为了减少他的负罪感，她故作平静，强迫自己将悲伤藏到心底。其实，她是非常爱他的。在这种情况下，她心乱如麻，怎么可能做出好面呢？

他流着眼泪吃完了这碗面，然后紧紧地抱住妻子，内疚地说："现在虽然每天能吃上大餐，但这碗面条对我来说，在昨天重要，在今天更重要，比什么都好吃……我已准备吃上一辈子了！"妻子听完他的话，无声地哽咽起来，两人抱在一起，久久不放。

一碗做砸了的打卤面，饱含着质朴、无声的爱，这种积极的能量，挽救了这桩即将破碎的婚姻。

爱是什么？爱不是单纯的感激，它是心灵深处永远的惦念和关心，是一种积极的能量。幸福的家园靠爱编织，没有爱的家庭是对心灵最大的摧残。有了爱，家才充满温暖。

在相守相伴的道路上，不管遇到怎样的情形，相互勉励与祝福，共同承受生活中的痛苦与磨难、幸福与快乐，一生一世，至爱至亲，这就是爱，这就是积极的能量。也唯有这样不朽的爱，才能穿越人生的风雨，长久守候幸福的家园。

家庭可以贫瘠，可以简单，却不能缺少爱，不能缺少积极的能量，少了爱的家，只能是一座空空的房子。所以，等爱的人深情地唱道："不如住在你的心里，有心就有我；不如住在你的爱里，有爱才有家。"

在纷繁的世间，更需要拥有一颗爱的心灵：爱父母、爱子女、爱同甘共苦的伴侣。拥有了爱，拥有了积极的能量，不管是竹篱茅舍，还是高屋华堂，都能构筑出最幸福的家园。

第三节　积极能量让生命平衡运转，创造奇迹

健康与积极能量有关系吗？据国外心理学的一些研究资料显示，充满积极能量的人比一般人更加长寿。积极能量虽不是药，但很多时候却能显现出比药更加神奇有效的作用，甚至能创造奇迹。生命因为有积极能量而更加美好。

1. 积极能量能创造奇迹

积极能量能创造奇迹，在绝境中挖掘机会。从毛毛虫到蝴蝶，所谓的作茧自缚，换来的是五彩绚烂的美丽；雏鹰摔落悬崖的惊险，得到的是征服苍穹的翅膀。置之死地，一旦能重生，那将是一次境界的飞升。

真正的伟人都是在历经惊涛骇浪洗礼，炎凉乱世磨炼，在绝境中大彻大悟后，才会叱咤风云，纵横天下。从绝境中重生，就如同凤凰涅槃，幻化出更绚烂的美丽。

大多数人的一生中总会遇到一次甚至多次的绝境，而遇到绝境并不可怕，可怕的是遇到绝境却又没有战斗的意志。

如果你认为你一生中不会陷入绝境，那么只能证明你正在走向绝境的路上。如果你已经陷入了绝境，那么就证明你已经得到了上天的

垂爱，将获得一次改变命运的机会。如果你已经走出了绝境，回首再看看，你会说你从未发现过，自己要比自己想象得要伟大、要坚强、要聪明。

如果你已经成功了，你要由衷感谢的不是你的顺境，而是你的绝境。在绝境中寻觅求生的机会，在负重时抓住解脱的绳索，在痛苦中挖掘幸福的感觉，在繁忙中体会休闲的乐趣，这是一种选择，是一种本能，更是一种境界。把握住它，你就找到了拼搏的动力，找到了成功的阶梯，找到了生命的意义！

生活总是要直面绝境的挑衅。活着就得和人生角斗，成功的意义就在于从绝境中寻找机会，从绝境向希望逆转。

身处绝境，能够拯救自己的恰恰就只有自己。曾经有过一个令人无限钦佩的美国登山爱好者，他在独自攀登勃朗峰时右手被落石压住，面对绝境，他毅然将右手砍去下山寻求救援。

陷入绝境时，等待并不是最好的选择，因为人们往往会在被绝境消磨殆尽残存的意志后，坐以待毙。所以，我们要学会在绝境时依靠自己，自己去寻找希望。

有人说，绝境的可怕是它腐蚀了希望，曾经历历分明的希望，在绝境散发的阴影中变得影影绰绰。然而，指引我们从困苦中走出的动力，恰恰是源于那些山重水复的绝境中。

罗曼·罗兰说："我要敢于正视痛苦、尊敬痛苦！欢乐固然值得颂赞，痛苦何尝不值得颂赞！它们是锻炼人类开展伟大的心魄。"这句话的意思是说，绝境是激发希望的原动力，拥有积极能量，身处绝境，也能够创造生命的奇迹。

案例分享：

1914年12月，大发明家托马斯·爱迪生的实验室在一场大火中化为灰烬，损失超过200万美元。那个晚上，爱迪生一生的心血成果在无情的大火中付之一炬。

大火最凶猛的时候，爱迪生24岁的儿子查理斯在浓烟和废墟中发疯似的找寻他的父亲。他最终找到了。爱迪生平静地看着火势，他的脸在火光摇曳中闪烁，他的白发在寒风中飘动着。

“我真为他难过。”查理斯后来写道，“他都67岁了，不再年轻，可眼下这一切都付诸东流了。”爱迪生看到儿子就嚷道：“查理斯，你母亲去哪里了？去，快去把她找来，这辈子恐怕再也看不到这样的场面了。”

第二天早上，爱迪生看着废墟说道：“灾难自有它的价值，瞧，这不，我们以前所有的谬误过失都给大火烧得一干二净，感谢上帝，这下我们又可以重新开始了。”

灾难并未毁掉爱迪生的一切，却让他在灾难中总结自己的不足与缺陷。他在绝境中保持乐观，依然充满了积极能量，并重新找寻机会弥补损失的一切，努力在绝境中重新站起来。正是因为这种奋斗不息的精神，火灾刚过去三个星期，爱迪生就发明了世界上第一部留声机。

人生的精髓就在于对生命的热爱，以及在绝境中的战斗。面对绝境时永不言弃，这就是人类不屈的伟大精神。更重要的是，绝境创造了希望，是它将我们指引到更高的成就，也是它将我们历练成人生真正的角斗士！

在绝境中寻找出口，必须始终坚信希望的所在。如果走在沙漠里，就

告诉自己前方有一片绿洲；如果处于黑暗中，就告诉自己前方有一座灯塔；如果正饥寒交迫时，那么，请告诉自己，前方一定有一缕炊烟。

生活原本就是一个时常会冷场的玩笑，没有人可以一直微笑。只是，有的人哭过又笑了，有的人哭后就再也笑不起来。我们需要鉴定一种信念："只要星星还在天空闪烁，我们就不必害怕生活的坎坷。"

2. 积极能量能唤醒一切

植物人，是与植物生存状态相似的特殊的人体状态。除保留一些本能性的神经反射和进行物质及能量的代谢能力外，认知能力（包括对自己存在的认知力）已完全丧失，无任何主动活动。

植物人的脑干仍具有功能，向其体内输送营养时，还能消化与吸收，并可利用这些能量维持身体的代谢，包括呼吸、心跳、血压等。对外界刺激也能产生一些本能的反射，如咳嗽、喷嚏、打哈欠等。但植物人的机体已没有意识、知觉、思维等人类特有的高级神经活动。

植物人是一个医学难题，然而，通过家人积极的呼唤，能唤醒植物人。可见，积极能量是巨大的，能唤醒一切。

案例分享：

洪长财是乐平市涌山镇人。2009 年 10 月 22 日 15 时左右，洪长财所骑的摩托车与一辆农用车发生了激烈碰撞。受伤倒地的洪长财浑身是血。正当人们都认为洪长财已经死亡时，随后赶到的乐平市交警大队涌山中队的吴星，发现洪长财尚有微弱呼吸，便迅速将其送到了附近的乐平矿务局沿沟医院抢救。之后，因为伤情严重，洪长财又先后被转送到景德镇与南昌的多家医院。最终，洪长财被医护人员从死神身边拉了回来，但因脑部受伤严重，洪长财不幸变成了植物人。

2009 年 12 月 11 日，在外医治已久的洪长财被家人送到了乐平市大连综合医院。刚到医院时，洪长财没有任何知觉，只是眼睛会上下翻动。大连综合医院脑外科的余医生介绍，面对这一医学难题，院方想到了利用中医和亲情结合的治疗方法。

于是，医护人员安排了洪长财两岁的女儿每天不定时趴在父亲的身边，一边亲吻洪长财的脸颊，一边不停地叫爸爸。半个月后，面对女儿的深情呼唤，洪长财突然“喔、啊”了两声，并开始下意识地抚摩女儿的小手。

2009 年 12 月底，在女儿的持续呼唤及家人和医护人员的关爱下，已失去知觉两个多月的洪长财终于完全清醒。洪长财说，自己平时就很喜欢女儿，之前处在昏迷状态下也依然感觉到了女儿的呼唤，内心十分割舍不下女儿与家人。

对于植物人而言，亲情与爱心就是最好的良药，面对意外伤害，家人爱的呼唤成了他们生命里的一个天使。

第四节　积极能量虽不是财富，却能成就富足的自己

积极能量虽然不是财富，也不能直接创造财富，但却可以让你更加富有和知足。积极能量是一种心灵财富，只有充满积极能量的人才能拥有。

案例分享：

一个青年人即将走上社会，为此惴惴不安。临行前，青年人来看望爷爷，希望爷爷能给他一些忠告。爷爷说我的菜地很久没有施肥了，今天你来得正好，帮我抬一桶大粪到菜地吧。爷爷找出那只粪桶，装满了粪便，然后叫青年人抬。

换了别人，或别的时候，青年人是不会和爷爷一起抬粪桶的，太臭了，青年人简直受不了这股气味，但这次他忍住了。施好肥，爷爷将粪桶洗干净了，但那股气味依旧存在，还是那么臭，难怪爷爷把它存放在茅坑边上。

干完活，青年人要走，但爷爷执意留他，说还有活要他干呢。爷爷找出一只水桶，对青年人说，你再帮我抬几桶水吧。因为是爷爷叫他干活，青年人就不好意思说走了。

从家到河边有一二里路，抬一桶水还真不容易。青年人将水倒进灶头的水缸时，却发现缸里水是满满的。爷爷并不是缺水，而是想留他吃完饭再走。于是，青年人就留了下来。

吃饭时，爷爷叫青年人把酒桶拿来。青年人就从灶头抱来了酒桶，揭了桶盖，掀开满桶的棉絮，从中取出那把酒壶，给爷爷斟了一碗，自己也斟了一碗：黄酒温温的，入口很香。在饭桌上，爷爷也没有对青年人说什么。

饭后，送青年人到路口时，爷爷说，这三只桶，我是用同一棵树上的木头做成的，新的时候一模一样，后来，装酒的就成了酒桶，装水的就成了水桶，装粪的就成了粪桶。做人也一样，你希望自己变成什么样的人，依照那样的标准来要求自己，习惯成自然，你就会变成什么样的人。

优秀是一种习惯，不优秀也是一种习惯，就看你怎么样定位自己。如果你是一个积极向上的人，一定会希望自己成为一个优秀的人，积极能量虽不是财富，却能成就富足的自己。

如果你希望自己成为一名作家，那么，平时就应该多看看书，有意识地培养自己的鉴赏能力和阅读能力。久而久之，养成一种阅读的习惯，在对某些事情有了自己的想法时，提起笔来直抒胸臆，自然是水到渠成的事。但是，如果一个人一直认为自己不如人，也不会有大的发展，成不了商人、富人或是有才的人，那么终日游手好闲，不学无术，最终也只能成为社会的闲散人员。

除了你自己，没有人能够小瞧你。别人对你的评价并不重要，重要的是你自己如何评价自己。如果你想成为将军，那你总有一天会成为将军；如果你想成为企业家，那你也能成为企业家……我们的潜力都是无穷的，只不过，有的人知道自己想成为什么，所以他能够有目标地去奋斗；而有的人不知道自己要成为什么，所以他最终没成为什么。

其中的关键，就是人的主观能动性。你希望自己成为什么样的人，就能成为什么样的人。然而，当你有一天真的成功了，并不代表一切是一个终点。

第五节 积极能量使你勇于调整一切，更快获得成功

积极能量让你勇敢，让你充满动力，让你战胜困难。积极主动是成功道路上不可缺的一种精神力量，它就像一座核反应堆一样，无时无刻地催促你去挑战、去前进、去获得成功。

你要做的最大投资就是掌握让别人与你愉悦相处的艺术，与人相处的原则就是懂得如何去爱，要努力做到举止文雅，为人随和，宽宏大量。这种投资的价值，要远远大于任何能以金钱衡量的货币资本。因为有了这种品质，所有的大门都会向你敞开，无论你走到哪里都会畅行无阻，大受欢迎。

许多年轻人在谈及自己的提升或是人生最初起步的成功时，都归功于自己乐于助人、亲切随和的性格，也就是说，在任何可能的情况下去帮助别人。

案例分享：

亚伯拉罕·林肯最突出的品质就是乐于助人，这使得他在任何场合中都能与别人打成一片。

他在律师事务所的合伙人亨恩顿先生说："当林肯先生的住所住满了人的时候，他会把自己的床让给别人，然后，他自己就到店里的柜台上睡，卷一卷布当作枕头。"这种乐于助人、乐善好施的性格使得林肯备受人民的爱戴。

林肯的好名声为什么不随着岁月的流逝而消失，反倒与日俱增，妇孺皆知呢？因为林肯的一生都保持着正直的品格，从来没有作践过自己的人格，从来不糟蹋自己的名誉。

试问，在人类的历史上，有谁能像林肯那样精神不死、流芳百世呢？恐怕是极其罕见的。看来的确是印证了一句话"人的品格是世界上最伟大的一种力量"。

如果一个青年在刚踏入社会的时候，便决心把建立自己的品格作为以后事业的资本，做任何事情都无悖于养成完美人格的要求，那么，即使他无法获得盛名与巨大利益，但终不至于失败。而人格堕落、丧失操守的人，却永远不能成就真正伟大的事业。

人格操守是事业上最可靠的资本，多数青年对于这一点缺乏认识。这些年轻人过分地注重技巧、权谋和诡计，却忽视对正直品格的培养。为什么有许多外国公司情愿以非常昂贵的代价，去用已死数十年或数百年的人的名字来做公司的名称呢？因为在那些已逝者的名字里面含有正直的品格，代表着信用，代表着积极的能量，使消费者感到可靠。想想有些人的名字，其信用之稳固程度如同直布罗陀的岩石一样，坚固不移，这就可以明白人格的价值了。

有一些年轻人明明知道这样的事实，但是他们仍然不将事业的基础建立在正直的品格上，反而建立在技巧、诡计和欺骗上，难道不令人感到奇怪吗？

每一个人都应该感到，在自己的体内有一种“富贵不能淫、威武不能屈”的力量。这种极其宝贵的力量就是一个人的品格，是一种积极的能量，而人应不惜生命来保持他正直的品格。大凡历史上真正的伟大人物，不会因金钱、权势、地位等种种诱惑而出卖人格。

当一个人过着一种虚伪的生活，戴着假面具，做着不正当的职业时，他将受到自己内心的嘲笑，甚至会鄙弃自己。他的良心必将不停地拷问他的灵魂：“你是一个欺骗者，你不是一个正直的人。”这种生活会败坏人的品格，削弱人的力量，直至彻底葬送人的自尊和自信。无论有多大的利益，多么难以抵制的引诱，千万不可出卖人格。如果一个人过分地追逐名利，将会败坏他的才能，毁灭他的品格，使他做出违背良心的事情来。

有的人为什么大受欢迎，那是因为他内心充满了积极的能量，具有优秀的品格作为向导。优雅的举止，随和的个性，宽宏大量，都使得他在人群中如鱼得水。这样，你所有的梦将不再那么遥远了！

第三章　对抗消极情绪，产生积极能量

以追求幸福为己任的人们，却生活在一个越来越没有安全感的世界。我们担心考学，担心找工作，担心职位不稳，担心股市下跌，担心孩子教育，担心老无所依。我们的各种负面情绪似乎总有理由，又似乎总是没有来由。充满积极能量，改变负面情绪：你光明，世界就不黑暗。

第一节　克服厌倦，欣赏所有人和事

一个对什么事都感到厌倦的人，是缺乏积极能量的，是不会珍惜他的生活的，因为他无法在自己的行为中找到认同感，所以他会感到迷失。

许多人克服厌倦的方式是找到新的东西来重新点燃他的兴趣，比如一份新的工作或者一项新的运动。但是，这种方式效果有限，因为厌倦是一种自身内在能量的消失，通过外在的新鲜事物来激发自己的兴趣，短期内可能有效，但从长期来看，我们还是会回到厌倦的轨道上来。

厌倦的本质是对身边的人和事都失去了兴趣，所以，要想克服厌倦情绪，我们就要利用它的反面，也就是“尊重”。尊重就是透过表象的“壳”去看到实质，欣赏事物本来的样子，欣赏身边的每一个人和每一件事。

兴趣是人们做事的动力所在。没有兴趣就缺少热情，没有热情就缺少积极的能量，缺少积极能量就无法全身心地投入到工作中来。最终，你的工作只会成为你厌倦和痛恨的对象。

反之，如果你喜欢自己的工作，那么，哪怕工作时间再长，你都不觉得是在工作，相反像是在做游戏。

“支持我前行的动力只有一个，那就是我对自己所做的事无比钟爱。你必须找到你的所爱，无论对于工作还是爱情皆如此。工作将占据你生活的一大部分，只有坚信你正在从事着伟大的事业，才能真正感到满足。而只有你去爱你的工作，才会成就一番伟业。如果你现在还没有找到，继续寻找，不要气馁，因为你在全心全意地寻找，所以当它真正出现时，你一定会发现它的存在，就像任何深厚的情谊一样，日久而弥坚。继续寻找直至成功，不要停下你的脚步！”这是乔布斯在2005年对斯坦福大学毕业生讲的一段话。它告诉我们，你的爱好就是你的方向，你的兴趣就是你的资本。只有做自己最感兴趣、最擅长的事情，我们才能真正感到满足，才不会感觉到厌倦，才会充满积极的能量。

事实上，做自己喜欢的事情，也是人生成功的关键。因为只有喜欢，才愿意投入，才能够长久地坚持下去。

案例分享：

哈佛大学曾对1500名学生做过一项调查：这些学生被询问他们选

择自己的专业是出于爱好还是为了赚钱，结果1255名学生回答是为了赚钱，245名学生表示是出于爱好。

这项跟踪调查进行了10年，目的是为了了解这1500人最后有多少人能成为富翁。10年后，跟踪调查显示，在那些因为爱好而奋斗的245名学生中，有100人成为富翁；而在另外的1255名为了金钱而工作的人中，只有1人成为富翁。

这个数据证明了一个事实：做你喜欢的事不但是一种人生的追求，也是获得成功的一个重要前提。

为爱好而奋斗之所以更容易成功，是因为当你不把工作看成是一种谋生手段，而是一种乐趣时，你的内心充满了积极的能量，你不但不会厌倦，甚至会为它痴迷。要知道，每个人都会对他感兴趣的事物给予优先注意和积极地探索，并表现出心驰神往。

爱迪生每天十几个小时泡在实验室里，这在很多人看来是非常枯燥的事情，但爱迪生却说："我工作过吗？我从来没有工作过，我只是做自己喜欢的事情。"

当然，做自己喜欢的事情要建立在自己擅长的基础上。如果不了解自己的特长和天赋，一味地去做自己喜欢却不擅长的事情，结果就可能会适得其反。人在年轻的时候最容易犯这种错误，他们一旦对某个事物感兴趣，就拼命地在这方面下苦功夫，结果因为天赋不在这上面，最终一事无成。这种人，被自己的兴趣和热情所蒙蔽，等到日后醒悟过来时，已经悔之晚矣。

迫于生存的压力，很多人不得不接受自己不喜欢的一些工作，这可能是一种人生的无奈。但不要灰心，也不要气馁。只要你愿意，你仍然可以利用业余的时间在自己喜欢的事情上做出成绩来。

第二节 消除抱怨，从改变自己开始

如果说世界上有一种负面的情绪最为普遍，那一定是抱怨情绪，这是最常见的一种负能量。无论什么时候，也无论什么地点，只要你愿意，你总能发现那些正在抱怨的人。

有人说，这个世界上苦难忍、钱难赚，不公平的事又太多，人们活得太累却又无法改变现实，所以抱怨变成了最简单的发泄方式。

其实，导致抱怨情绪出现的原因很多，最起码可以分为四种情形：第一，在解决问题的过程中，一旦面临困难和挫折，容易出现抱怨情绪；第二，当某种需求和愿望因种种原因得不到满足时，抱怨作为情绪宣泄的渠道会出现；第三，当人们遭受了某种人际关系或职场工作上的沉重压力时，抱怨作为一种减压的方式也会出现；第四，个人不良的情绪或病态的人格，也会导致抱怨的出现。

在以上四种情形中，除了最后一种属于病态，前三种都可以归因于在某件事情上付出不足所造成的结果。

简单来说就是，在任何情况下你对任何事情的不满意，都是因为你在那上面付出不足，都是因为过去，而不是你抱怨的现在。比如，你抱怨健康不好，说明你过去在身体上投入不足；你抱怨人际关系不好，说明你过去对别人关注不足；你抱怨知识水平太低，则说明你过去学习不足；你抱怨总是心情不好，说明你根本没去做自己感兴趣的事……

你无法改变环境，但可以改变自己。要想消除这些抱怨情绪，消除这些负能量，我们唯一可做的就是改变自己，填充自己的积极能量。一味地抱怨并不能解决任何问题，既然这样，我们不如仔细想想自己能够做些什么来改变这样的坏情绪。

毕竟，积极解决问题才是消除抱怨情绪的唯一出路。与其抱怨问题，不如解决问题。

看到问题，只能说明你关注此问题。但如果还能提出相应的建议，那么不但自己的抱怨牢骚会消失，还会因为解决了问题而让自己很有成就感。

无论碰到什么事情，我们都要少发牢骚多提建议。实际上，无论工作还是生活，只要我们对相关的问题做一些深入的理性思考，很多牢骚是可以转化为建议的，只要在表达方式方法上略加变通即可。

牢骚作为一种抱怨情绪，并不是一点积极意义也没有，但相比之下，它的弊要大于利。

喜欢发牢骚的人，往往看不到问题积极的一面。而且，喜欢戴着有色眼镜看问题，常常一叶障目，只见树木不见森林。这些负面能量的影响，一方面会让自己在遇到困难和压力时丧失信心，另一方面还会影响自己在别人眼中的形象——发牢骚的过程也是一个自我矮化的过程，牢骚越多，你在别人眼中的形象就会越糟。

当然，我们并非不能消除抱怨情绪，只是要讲究方法技巧。

第一，不要每件事情都抱怨。如果你被情绪所主导，无论什么事都牢骚满腹，那你就会变成一个浑身散发着负能量的人，不但无法解决你想要解决的问题，反而会使身边的人逐渐远离你。

最好的办法是当你想要抱怨时，先在脑子里想一想，这件事值不值得抱怨？抱怨完会起多大作用？如果只是抱怨，那就赶紧闭嘴；如果说出来，能够得以改善，那就找能够解决问题的人去说。

第二，无法解决的问题，不要抱怨。如果明明知道抱怨不能解决问题，你还要喋喋不休，牢骚满腹，那你是在跟别人过不去还是跟自己过不去？

不要固执地说出“只有提出问题，才有可能解决，不提出永远没有解决的可能”这样的话。要知道，现实生活中，有些问题是可以解决的，有些问题则是很难解决的。比如涉及一些社会的制度问题、腐败问题等，越是深层次的问题，越难以解决。如果每天为这些事抱怨不断，那完全是在跟自己过不去。

第三，已经引起重视的问题，不要再抱怨，任何问题的解决都需要一个过程。在这个过程中，你的工作或者生活可能依然在受到影响，但这已经不重要。只要有人在对你抱怨的问题负责，并开始着手解决，那你就没有必要持续抱怨。

其实，再好的抱怨技巧，也不如提建议的效果好。因为相比之下，抱怨只是一种被动的面对，是一种负能量，而提建议，则是主动地去解决问题，是一种积极的能量。

比如，我们与同事合作的一件事情出了问题，使得工作难以展开，如果不解决就会影响工作效率。这时候，你是应该纠缠于谁来负责任，还是想办法去把问题解决掉，让工作顺利开展呢？

显然，如果纠缠于谁来负责任，工作就进展不下去，互相抱怨的情绪也会随之出现。反之，如果以解决问题为出发点，而不去纠缠谁的责任更

大，那么双方就能够统一起来，互相为对方着想，最终一起将问题解决掉。这样一来，也就没有了抱怨的对象，牢骚自然也就消失于无形之中。

第三节　缓解紧张，万事不必想得太严重

心理学家认为，适度的紧张并不完全是坏事，而是一种有效的反应方式，是人们应付外界刺激和困难的一种准备。

虽然如此，仍然没有人愿意处于紧张状态。事实上，我们很难把握“适度”这个概念。而且，人们一旦开始紧张，其情绪只会越来越强烈，而很少会停留在“适度”这个状态。所以，保持适度的紧张状态易说难行，我们能做的，还是要尽量缓解紧张情绪。

要想缓解紧张情绪，我们需要有“高标准，低要求”的心态。所谓高标准，就是在做事的时候要尽量把事情往最好的方向去做。所谓“低要求”，则是强调对做事结果的心理期望不能太高。简单来说就是，做事的时候尽最大努力把事情做好，但不必强求自己一定要达到最完美的结果。

这实际上是一种“努力过了就不需要后悔”的心态，强调的是对过程的重视。对于想要一个好结果的人来说，这种心态看上去有点不负责任，但实际上，它却是我们缓解紧张情绪的一个法宝。

“高标准，低要求”并非是不负责任的心态，恰恰相反，因为重视过程，强调把每一个过程都做好，反而能够保证我们得到一个完美的结果。而且，只有投入到过程当中，我们才会忘记结果给我们带来的压力，从而缓解紧张情绪。事实上，一个“过程导向”的人和一个“结果导向”的人相比，“过程导向”的人所完成的结果通常并不会差，而且他们的紧张情

绪会比“结果导向”的人少得多。

人们要想克服负面能量的影响，就需要把事情看得不太严重。人们很容易把一件事情想复杂，并推断可能发生的后果也会很严重。但事情通常都没有你想得这么严重，我们不过是在自己吓自己。就是这种想象出来的恐惧，会让我们变得紧张，甚至情绪失控。

案例分享：

有一位乘客坐火车回老家，怀里揣着打工挣来的六万多元工资，因为怕被盗窃，两天两夜都没敢合一下眼，结果在精神高度紧张的状态下产生了幻觉，竟然在中转车站的检票大厅把钱洒了一地。撒完钱之后还没完，幻觉还让他差点从楼上坠下。

现实生活中的这位乘客，因为把事情看得太严重了，所以严重紧张并导致了幻觉的出现。

有人可能会嘲笑这位现实生活中的乘客心理承受能力太差，把事情想得太严重。其实，我们很多人都是这样，只不过在不同的事情上表现出来的程度大小不同而已。比如，当我们需要在众人面前发言的时候，是不是会紧张得声音发抖、浑身出汗？当领导安排给我们一份时间紧、压力大的工作时，我们是不是也会紧张得食不知味、寝不能寐？

缓解这种因压力带来的紧张情绪，关键就是不要把事情看得太严重。当忧虑产生的时候，你不妨问自己：“最坏的可能会是什么情况？”“它们会产生哪些令你惊惧的后果？”

通过问自己上面这两个问题，你可能会发现事情并没有想象中的那么

严重。这时候，你的情绪就能够平和、冷静下来。

把事情想得太严重的人，因为总是会不自觉地去想后果，所以就会患得患失，从而让事情变得更严重。事实上，当你纠缠于事情可能的后果时，你的精力有很大一部分会被分散，这会直接导致你无法专心把当下的事情做好。显然，这会让你“梦想成真”，真的把事情搞砸。

有时候，我们之所以总是把事情想得太严重，是因为我们太在乎别人对自己的看法，并认为他们的很多评论都是关于自己的。其实，人们通常只关心自己遇到的问题，而且他们讨论的通常也是他们生活中遇到的问题，人们并不像你想的那样对你有过多的想法。所以，不要太在意别人怎么看你，也可以在某些事情上缓解我们的紧张情绪。

第四节　化解愤怒，别急着发脾气

愤怒是一种负面的情绪，是人类最基本的情绪之一。世界上人人都会发怒，不管他是谁，也不管他有什么样的文化背景。

愤怒通常会被看作不好的情绪，因为当人们愤怒时，会因为思维扭曲而作出不正确的决定，从而给人们的生活、工作以及感情等带来破坏性，给人们造成严重的伤害和痛苦。它所带来的负面影响，最常见的就是破坏人们与家人、朋友及同事的关系。当然，长时间的生气，对个人的身体健康也会产生不良的影响，比如会导致心脏病、中风等严重病症。

为小事而生气的人，生命是短暂的。理智虽然是最高的才能，但是如果不能克制情感，它就不可能获胜。所以，不要因为一点小事而丢掉了愉悦的心情，不要因为一点小事扰乱了自己的生活的步调，更不要因为一点小事放弃了你的生命。

案例分享：

1965年9月7日，世界台球冠军争夺赛在纽约进行。路易斯·福克斯十分得意，因为他远远领先于对手，只要再得几分就可登上冠军宝座了。

然而，正当他准备全力以赴拿下比赛时，发生了一件意外的小事：一只苍蝇落在主球上。路易斯·福克斯原本没在意，一挥手撵走了苍蝇，俯下身准备击球。可当他的目光落在主球上时，这只可恶的苍蝇又落在了主球上。在观众的笑声中，路易斯·福克斯又赶走了苍蝇，情绪也受到了影响。

然而，这只苍蝇好像故意与他作对，他一回到球台，它也跟着飞了回来，惹得在场的观众开怀大笑。路易斯·福克斯的情绪恶劣到了极点，终于失去了冷静和理智，愤怒地用球杆去击打苍蝇。结果，不小心球杆碰到了主球，被裁判判为击球，从而失去了一轮机会。本以为败局已定的竞争对手约翰·迪瑞见状勇气大增，信心十足，最终赶上并超过了路易斯·福克斯，取得冠军。

路易斯·福克斯沮丧地离开，第二天早上，有人在河里发现了他的尸体，他已投河自杀了。

是苍蝇导致了路易斯·福克斯的自杀吗？表面看上去如此。但从根本上来说，是路易斯·福克斯的情绪失控，是负能量导致他结束了自己的生命。

没有人愿意生气，但是，还是有很多人经常会为小事生气。虽然大多数人不会像路易斯·福克斯那样因为生气而自杀，但仍然会被一些小事牵

着鼻子走。

比如，在日常生活中，有的人总是喜欢对一些无关紧要的小事斤斤计较，甚至还会耿耿于怀。如果他人做了一件不太合理的事，他们就不依不饶，不弄个水落石出，不评个是非曲直，决不罢休。结果，事情常常不了了之，自己反而被气得半死，既伤了大家的和气，自己的身体健康也受到了影响。

像这样为了一点小事就情绪失控的现象，是非常值得警惕的。它表明我们在情绪掌控方面，自制力非常脆弱。

要想不为小事抓狂，就要有“不在意”的心态。一位百岁老人谈他的长寿秘诀：“一件事情，如果想通了就是天堂，想不通就是地狱。既然活着，就一定要活好。”显然，小事能不能引来大麻烦和大烦恼，关键在于自己在意的程度。

其实，时过境迁之后，再想一下那些曾让我们极其愤怒的事情，我们会发现，真的都不是什么大不了的事。正因如此，很多人才会在回忆那些事情时加上一句：“当时正在气头上。”

要想不为小事生气，其实也很简单，那就是试着让自己延缓发怒。如果你遇到一件事情的直接反应就是发怒，试试看，延缓 15 秒之后，再以你一贯的方式爆发。下一次延缓 30 秒。不断加长这个时间，如果你发现自己能够延缓发怒，那么你就已经学会怎么控制自己了。所以说，延缓就是控制，要多加练习，这样一来你的生气情绪就会得到完全消除。

第五节　减少焦虑，专注当下

焦虑的产生，往往因为不切实际的期待，或者是担心尚未发生的事，虽然它们可能压根就不会出现，但仍然有各种各样悲观的想象和预测。这是一个焦虑的时代，我们无可避免地身陷其中。焦虑是一种负面的能量，如何才能避免焦虑带来的痛苦，摆脱焦虑的逼迫，守住自己的情绪和生活的重心?

减少焦虑情绪的有效方法之一，就是专注于当下。当你专注当下时，担心自然机会消失。因为大多数的焦虑情绪，都是来自于记忆或对未来的想象。

在《见与不见》这首诗中有这样几句：你见，或者不见我，我就在那里，不悲不喜。你念，或者不念我，情就在那里，不来不去。你爱，或者不爱我，爱就在那里，不增不减。

也许，这几句诗道破了减少焦虑的秘密。在面对一些我们无力掌控的事，不管焦不焦虑，结果就在那里，追悔莫及没有意义，神经紧张地坐立不安更没有意义。事情不会因为我们几天几夜睡不着觉，或把自己搞得蓬头垢面而有任何改变。

人们担心着未来，却忘记了现在，因此他们既不是活在现在，也不是活在未来。我们不能再拥有过去，也不能拥有未来，所以过去和未来对于我们来说都是虚无的，既然是虚无的，我们又怎么能抓住它呢? 所以我们拥有的只有现在……

案例分享：

有一个铁匠，经常有这样那样的担心，比如，“如果我病倒了不能工作怎么办?”“假如我没有金钱，生活会是什么样子?”这些担心像一座无形的大山压得他喘不过气来。

一天，铁匠上街买东西，由于焦虑过度而昏倒，正好有个人路过碰到，这个人了解了铁匠的焦虑后，送了铁匠一条金项链，并告诉他：“不到万不得已的情况下，千万别卖掉它。”

自此以后，铁匠不再焦虑。因为他觉得，即便有一天他变得一无所有，也还有这条金项链作为本钱。这样，他白天踏实地工作，晚上回家后踏实地睡觉，毫无忧虑，身体渐渐恢复了健康。

后来，一次偶然的机会，他带着金项链去首饰店询问它的价格，老板告诉他这条项链是铜的，并不值钱。铁匠恍然大悟，明白了自己当初为什么焦虑。

焦虑情绪有一个很明显的特点，就是悲观的想象，担心尚未发生的事。虽然它们也许压根就不会出现，但仍然有各种各样悲观的想象和预测。

专注于当下可以减少甚至避免这种焦虑情绪，因为大多数焦虑情绪无不来自记忆或对未来的想象。而当你专注于当下时，你会没有时间去回忆过去或想象未来。

问题是，当下是我们最容易忽略的思维死角。我们总是习惯性地忘不掉过去，很多人甚至心甘情愿活在过去不肯出来。但是，过去的毕竟已经过去，而未来又尚未来临，即便来临，最坏的情况也不过是以当下我们所担忧、所不期望的方式发生。既然如此，我们能拥有的不就是当下吗？

专注于当下，会让我们充满积极的能量，保持心态平和。当我们每天做好计划、做好记录，科学合理地运用时间、享受时间时，会觉得时间突然慢了下来，我们不会再像以前那样行色匆匆，而是会放慢脚步，欣赏周围的花草，呼吸一下新鲜的空气，从而发现生活原来是如此美好。

专注不但是做事情成功的关键，也是健康心灵的一个特质。专注就是注意力全力集中到某事物上面，与你所关注的事物融为一体，不被其他外物所吸引，不会陷入焦虑之中。

不能专注的人，也就不能放松。专注与放松，实际上是同一枚硬币的两面。专注也是幸福人生的一个关键特质。

心理学研究发现，专注可以帮助人们缓解压力，促进免疫系统，减少慢性疼痛，降低血压，还可以帮助病人应对癌症。每天花几分钟主动地专注于当下的生命体验，可以缓解压力进而减少心脏病的风险。专注甚至还可以减缓 HIV 病毒（人类免疫缺陷病毒）对机体的侵害进程。最重要的是，专注的人因为更自信，更能接受自己的弱点而很少焦虑。所以他们更幸福、精力更充沛、更有同理心，也更有安全感。

第六节　摒弃浮躁，脚踏实地就是成功的捷径

无论追名还是求利，都不算是一件坏事，关键是如何看待它，追求它。古人说：“君子爱财，取之有道。”又说：“临渊羡鱼，不如退而结网。”还说：“欲速则不达。”这些道理人人都懂，但还是有很多人在路径的选择上出现了偏差。有的人只知道急躁冒进，不知道以退为进；有的人总嫌“退而结网”太慢、太麻烦，不如投机取巧来得轻松快捷，于是千方百计走捷径，抄近道。结果无论急躁冒进还是投机取巧，到头来总是事与愿违，最终落得个光阴已逝，一事无成的下场，这些负能量，真是害人不浅。

其实，所有的捷径都是最大的弯路，就像经营一家企业，越是想投机取巧走捷径，就越是难以基业常青，而只能时时为了眼前的生存和利益绞尽脑汁。反之，那些遵循常识，脚踏实地经营的企业，开始时虽然要付出很多，短时间内也可能无法获得大的回报，但当它们坚持下来之后，就会根深蒂固，成为别人轻易打不败的伟大企业。

越是成功的企业，越是相信“经营企业就是经营常识”这个道理，所以它们从不急功近利，也从不投机取巧，从来都是充满积极能量的。

做人又何尝不是如此，无论追名还是求利，总是要先有付出然后才有收获。如果只想着收获而没有付出，或者想着用最少的付出去得到最大的收获，这种“脱离常识”的事情，又怎么能那么容易出现呢？

破茧成蝶的过程原本就很痛苦、艰辛，但只有经历这一过程，才能换来日后的翩翩起舞。任何只想要结果而无视过程的行为，都违背了常识，违背了自然规律，其结果也只能是欲速则不达。

案例分享：

宫本和柳生是日本近代的两名剑客，也是师徒关系。

柳生拜师学艺的时候，问宫本：“师父，根据我的资质，要练多久才能成为一流的剑客？”

宫本回答：“至少10年。”

“如果我加倍苦练呢？”

宫本答道：“那就要20年。”

柳生又问：“假如我晚上不睡觉，夜以继日地苦练呢？”

“那你根本不可能成为一个剑客。”宫本答道。

一味地求急图快，违背了事物发展的客观规律，后果只能是欲速则不达。宫本想要告诉柳生的无非是，一个人只有摆脱了速成的心理，一步一步地积极努力，步步为营，才能达成自己的目标。

但是，现实生活中，我们却经常犯这种急功近利、事倍功半的事情。比如，买回来一本书，我们常常是粗粗地翻过一遍就束之高阁，然后自认为已经“读过”这本书了。而如果买回来的是一本大部头的专业书，我们的心里就会无形之中产生一种压力，总想着以最快的速度读完，总有一股一口气读完的冲动。这种冲动，说白了就是浮躁，是负能量在作祟。浮躁于只要读完就是完成任务，而完全不管自己是不是真地搞明白了书中的内容，是不是真地能够学以致用。

在某种意义上，急功近利是成就大事业的绊脚石。因为急功近利者，一叶障目，不见泰山；只闻到了芝麻的香，却忘记了西瓜的甜；只看到了暂时的利益，而忘记了长远的发展。所以他们总是头痛医头，脚痛医脚，为了眼前的利益，可以不顾未来的发展；为了一时的痛快，而以长远的痛苦为代价。

急功近利的人因为浮躁，所以总是盲从世俗。他们的脑袋长在别人的脖子上，别人说当兵时髦，他们便想办法穿上军装；别人说文凭重要，他们便马上去混文凭；别人说经商赚钱，他们便马上辞职，一头扎进商海大潮里面。

然而，时间的事情就是如此，你越是急功近利，越难以成就什么事业。因为你的全部精力、时间和生命都无形地消耗在了短期的行为中，消耗在了虚浮浅薄的劳作之中。所以，哪怕你一时得利，最终得到的还是微不足道。

第七节　摆脱孤独，走出自我封闭的“牢笼”

中国的老年人退休后几乎清一色聚在街头扭秧歌、跳交谊舞，活得十分“热闹”。在中国文化里，“人”是只有在社会关系中才能体现的，他是所有社会角色的总和，如果将这些社会关系都抽空，“人”就被蒸发掉了。

中国人害怕孤独，害怕一个人独处的原因在于：他需要被认可、被承认。所以，虽然说摆脱孤独情绪的最好办法是追求精神世界的充实，多与外界交流，多与朋友联系，多参加一些交际活动，保持与外界的正常交流。

一个人独处，也许并不感到孤独。置身于熙熙攘攘的人群之中，也未必就没有孤独感。真正的孤独，往往产生于那些与外界没有任何思想与情感交流的人。

案例分享：

有一个著名的足球中锋，曾经带领自己的球队多次夺冠。后来，足球俱乐部的老板为了还债，将他卖给了大资本家普鲁斯。

普鲁斯是一个怪异的“收藏家”，他不仅喜欢收藏一切珍贵的东西，而且更喜欢收藏一切才华出众的人。在买该中锋之前，他已经收藏了一位原子物理学家、一位专演哈姆雷特的著名演员、一位芭蕾舞演员、一个力大无比的巨人。普鲁斯把他们养在一座豪华的宫殿里，自由不再属于这些人，他们是只属于普鲁斯的收藏品。

不许自己踢足球，不许见自己的妈妈，失去了自由，这对中锋来说，是一种难以忍受的孤独。所以，尽管他和那位芭蕾舞演员产生了爱情，但仍然想尽一切办法逃离这个地方……

人是具有社会属性的。无论是谁，一旦离开了人际交往和社会生活，与外界无法沟通，就会被孤独情绪缠身。这种负能量，最终给人造成难以估量的影响。

然而，现实生活中，很多人却总是把自己封闭起来，不愿意和外界接触，结果给自己的心理和生理都带来了不良的影响。有的人甚至因此患上了社交恐惧症、焦虑症等。

孤独并非不可以享受。当我们厌烦了外面的喧嚣时，是可以暂时与尘世隔绝一下的。不过，这种事情只能偶尔为之，不能长时间地陷入其中，否则就会给自己带来伤害。因为孤独在某种意义上是一种逃避，一种无奈。人陷入孤独时，心灵会处于极其脆弱的状态，很容易受到各种负面情绪的侵扰。

其实，每个人在一生中都会或多或少感受到孤独。有孤独感并不可怕，只要我们能做好自我调节，正确地面对它，孤独就像过眼云烟一样很快就消失得无影无踪。

要想走出孤独，首先不能自闭，不能在心理上做孤独的俘虏；其次要多与外界交流，交流的形式可以根据每个人的喜好做选择，比如可以多读好书，可以在网上和别人聊天，也可以和亲近的朋友一起出去游玩等。

第八节　平衡嫉妒，适度的嫉妒是进步的驱动力

在某种意义上，嫉妒是万恶之源，是一种负能量。它给我们的生活带

来了沉重的负担，也给我们的生活带来了黑暗，最关键的是，它可能还会让我们产生一种祸害他人的罪恶心理。

嫉妒通常来自于攀比。所以，要想平衡嫉妒情绪，首先就要消除攀比心理。

案例分享：

有个公务员，一直过着安分守己的稳定日子。一天，他去参加高中同学聚会。十几年没见，本来是兴高采烈地前往，但到了之后却发现，以前的老同学，因为下海经商，无不住着豪宅，开着名车，一副事业有成的样子。回到机关后，他开始像变了个人，整天长吁短叹，逢人便倾诉心中的烦恼：“那小子，考试就没有及格过，凭什么有那么多钱?”

“虽然我们的薪水不能跟富豪比，但不也过得很好吗?”他的同事安慰他说。

“很好？我的工资一辈子也买不起一辆宝马车。”

“我们这些坐办公室的，有钱也犯不着买车。”他的同事倒是看得很开，不停地安慰他。

可是后来，他却因为整天郁郁寡欢，后来竟患了重病，终日卧床不起。

故事中的这位公务员既想生活安稳、舒适，又想和经商的人一样有钱，犯了事事都要攀比的毛病，最终引起心理疾病也就在意料之中了。

事实上，人人都有攀比心理，只是有的人攀比心理太强，所以导致了心理的不健康。攀比不是错，但如果事事攀比就错了。而且，如果你只是看到别人比你强，比你优秀，却没有看到他们的努力和付出，那么你就是在盲目地攀比嫉妒。

如果能够在攀比中激励自己，那么嫉妒不但不是万恶之源，反而会成为你人生前进的动力。罗素在《快乐哲学》一书中谈到："嫉妒尽管是一种罪恶，它的作用尽管可怕，但并非完全是一个恶魔。它的一部分是一种英雄式的痛苦的表现；人们在黑夜里盲目地摸索，也许走向一个更好的归宿，也许只是走向死亡与毁灭。要摆脱这种绝望，寻找康庄大道，就必须扩展自己的大脑，扩展自己的心胸，必须学会超越自我，在超越自我的过程中，学得像宇宙万物那样逍遥自在。"

这就是我们为什么提出要"平衡嫉妒情绪"，而不是完全消除嫉妒情绪的原因。因为嫉妒情绪利用得当，也会成为我们奋斗的动力，把嫉妒引向积极的方向。

克服嫉妒情绪的最好方法是将它升华，也就是将嫉妒升华为自己赶超他人的动力，升华为努力向上奋斗的动力。这是嫉妒心最大的好处，它能让人不断进步。

恰到好处的嫉妒心可以升华或转化为一种理想或抱负。所以，不要让嫉妒之火消耗掉人所拥有的"积极能量"，而是学会借嫉妒之力来增强自己的力量。

天堂与地狱只有一步之遥，竞争与嫉妒也只有一线之隔，其区别就在于是否将对方的失败看作个人成功的条件。以赛跑为例，竞争表现为自我激励，尝试着超赶对方，而嫉妒则表现为希望对手绊倒以消除竞争。

一个人如果只知道嫉妒别人，而不愿去找出自己的不足，就会停滞不前。一分耕耘，一分收获，如果别人收获的比自己多，那肯定是别人洒下的汗水比自己多。既然如此，我们就没有理由去嫉妒别人收获的比自己多。

知耻近乎勇，认清自己的不足，努力进行弥补，这才是正确的、积极的态度。有嫉妒别人的时间，还不如多向别人学习，看看自己到底是哪里做得还不够，哪里还做得不够好。

想办法改变自己的现状，嫉妒才会变成动力。一个明智的、自信的、有着坚强意志的人，不会被嫉妒烧昏了头脑，他们只会选择赶超。

如果不能把嫉妒转化成赶超的动力，就是在拿别人的成绩来惩罚自己。古代的庞涓嫉妒孙膑，最后身败名裂；周瑜嫉妒诸葛亮，最后被三气而亡，临死前还恨世地感叹："既生瑜，何生亮。"这些都是因为过度地嫉妒，而又不能合理地调节、控制自己，结果在做出伤害别人的行为时，也给自己造成了巨大的心理负担。

德国有一句谚语："好嫉妒的人会因为邻居的身体发福而越发憔悴。"为什么会这样？因为好嫉妒的人总是拿别人的优点来折磨自己。别人年轻他嫉妒，别人长相好他嫉妒，别人身材高他嫉妒，别人有才学他嫉妒，别人富有他嫉妒，别人的妻子漂亮他嫉妒，别人学历高他嫉妒……

想克服嫉妒心，最好的方法还是升华，即把嫉妒升华为自己赶超的动力。相对于病态的嫉妒，积极的嫉妒心理可升华为良性竞争行为，使嫉妒者奋发进取，努力缩小与被嫉妒者之间的状态差。借嫉妒心理的强烈超越意识，发愤努力，积蓄自己大量的精力、时间、智慧去追求和实现自己更高的目标。如果能够把嫉妒转变成动力，激励自己去努力、去赶超，那才是一种坏情绪的很好地转化，才是一种平和的心态。

对别人产生嫉妒情绪并不可怕，关键是我们能不能正视它。如果能把嫉妒转化为奋斗的动力，时时鞭策自己，化消极为积极，那么这种情绪反而能使我们赶上甚至超过别人。

第四章　正向积极的思维，开启思维的无限潜能

思维是人类最为本质的特征，是人一切活动的源头。无论是做事还是做工作，都离不开正确的思维方式。充满积极能量的人，具有正向积极的思维。正确的思维方式可以使混乱变得清晰，能使工作变得有起色，也能使人做起事来更得心应手。

第一节　摆脱目光短浅的思维习惯

许多人很容易形成一种僵化思维，这对自己的事业发展是极为不利的，所以我们要尝试改变自己的思维习惯。

一个人要成功，就要有胆识、有远见，看得远、看得高，不计较一时的得失，这才能够掌握先机，把握机会。而且能进能退、能前能后、能有能无。不同的思维习惯带来的不同结果，如果你考虑得不够长远，那就得承受短视带来的苦果。我们常把只看眼前，不顾以后的做法称为短视，而一个短视的人，往往很难正确处理生活中遇到的各种问题，而且也很难有什么成就。

在人生旅途中，一个人如果总是想一步走一步，那么他一定会碰到很多障碍，所谓“人无远虑，必有近忧”就是这个道理。只有抛弃短视的恶习，多做一些长远打算，才能掌握自己的人生，拥有一个美好的未来。

案例分享：

一位没有继承人的富豪死后，将自己的一大笔遗产赠送给一位远房亲戚，这位亲戚是一个常年靠乞讨为生的乞丐。这名乞丐接受遗产后，立即身价一变，成了百万富翁。

新闻记者便来采访这名幸运的乞丐：“你继承了遗产之后，想做的第一件事是什么？”乞丐回答说：“我要买一只好一点的碗和一根结实的木棍，这样我以后出去讨饭时会方便一些。”

目光短浅的人看不到长远的发展，对未来没有信心把握，甚至根本就没想过未来的事情。因此，他们容易被眼前的一些蝇头小利所诱惑，往往因小失大。

第二节　走出定式思维的桎梏，做与众不同的自己

人们在生活中，一旦形成了某种固定观念，就会被束缚住手脚，限制住思维，形成可怕的思维定式。而很多时候，我们做不好一件事情，恰恰源于对事物的认识不够。

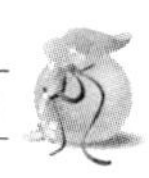

在一座无人居住的房子外，一只鸟儿每日总是准时光顾。它站在窗台上，不停地以头撞击玻璃窗，每次总被撞落回窗台。但它坚持不懈，每天总要撞上十来分钟之后才离开。人们猜测这只鸟大概是为了飞进那房间。然而，在鸟儿站立的窗台边，另一扇窗户是打开的，于是人们便得出这样的结论：这是一只笨鸟。后来，有人用望远镜观察，发现那玻璃窗上沾满了小飞虫的尸体，鸟儿每次吃得不亦乐乎！

这就是我们的惯性思维。我们怎么也没有想到鸟儿有如此独特的觅食方式，而人类却总是按照自己日常的思维方式去评判鸟儿的世界。

拥有惯性思维的人，在确立人生发展方向与目标时，容易受现有条件的限制，经常说“做不到”。他们恪守着有多大能力做多大事的人生原则，绝不会寻求突破，更不会去挑战自己认为做不到的事情。

保守并不见得是件坏事，因为它让我们变得踏实、稳健。但是，如果保守变成了僵化，那么我们的人生将会变得非常可悲。因为僵化的思维会让人囿于陈规，在思维定式的运作下按部就班。而很多时候，我们的失败，恰恰都是败在思维定式上。无数的成功事实证明，伟大的创造、天才的发现，大多是从突破思维定式开始的；但如果在自己的思维定式里打转，即使是天才也走不出死胡同。

我们知道，动物园里那些看起来力大无穷的大象，在驯兽员面前总是表现得非常乖巧，甚至会对驯兽员有一种恐惧心理，为什么会这样？

据说，泰国人总是把作为谋生工具的大象，拴在一根极为不起眼的小木桩上。论大象的力气，可以轻而易举地把木桩拔起。然而这些庞然大物们从来不会尝试挣扎。当地人解释说，象生下来不久，人们就会把它们拴在树桩上，这些被束缚了自由的小象们通常会惊慌失措、不断挣扎，甚至不惜伤痕累累。然而凭它们之力，是无法撼动树桩的。几次反复，小象们就意识到自己根本无法摆脱这束缚。当小象长成大象后，人们往往只需要一根小木桩就可以把大象拴住，因为它们已经习惯了这种不可摆脱的束缚，并且也习惯了接受这种挫折。

在我们的生活中，很多人也像那大象一样，被一种无形的东西禁锢着，阻碍了他们的成功，这种东西就是人的思维定势。人一旦形成了习惯的思维定式，就会习惯地顺着定式的思维思考问题，不愿也不会转个方向、换个角度想问题，这是很多人的一种愚顽的“难治之症”。

在上课时，一位老师给学生们讲述了这么一个故事：

一个聋哑人到五金行买钉子，他先用左手做持钉状，然后右手做锤打状。售货员递给他一把锤子，聋哑人摇了摇头，指了指做持钉状的两个手指，这回售货员终于拿对了。

这时，又来了一位盲人顾客，他想买一把剪刀……“那么，那位盲人又该怎样用最简单的方法买到他要的剪刀呢？”老师向学生提问。老师话音刚落，有一个学生就抢着回答道：“只要伸出两个指头模仿剪刀的样子就可以了。”其他同学也纷纷点头一致认同。

不料，老师却摇摇头，说道：“其实，盲人只要开口说一声就行了。”

同学们这才恍然大悟。

老师语重心长地说：“记住，一个人进入思维的死胡同后，智力水平就会处于常人之下。”

对于每一个人来说，我们的思维能力都是处于发展、变化中的，但有

时人的思维也会存在一种相对稳定的状态，这种状态就是由一系列的习惯性行为所构成的思维方式。

思维是成大事者的力量源泉，也是人能够改变自己的内在基础。不善于改变自己的思维习惯，往往就找不到成功的路径。一个不善于思考难题的人，会遇到许多取舍不定的问题；相反，正确的思考之所以能发生巨大作用，是因为它可以决定一个人在面临问题时应该采取什么样的行动。

习以为常、耳熟能详、理所当然的事物充斥着我们的生活，使我们逐渐失去了对事物的热情和新鲜感。经验成了我们判断事物的唯一标准，存在的也当然变成了合理的。而且，随着知识的积累、经验的丰富，我们也越来越变得循规蹈矩，越来越老成持重。于是，创造力丧失了，想象力萎缩了，习惯性思维成了我们超越自我的一大障碍。

第三节　时时创新，每天给自己换一个“大脑”

实践告诉我们，如果你墨守成规，等待你的只有失败；如果你稍微动一下脑筋，对传统的思维方式进行一番创新，也许就能获得成功。我们必须具有创新意识，要能够根据实际情况与形势变化而采用不同的战略，这样才能增加取胜的筹码。

很多人认为，一个公司的生死存亡，取决于被一些专家学者所吹捧得沸沸扬扬的战略规划。事实上，在很多时候，我们的战略在制定之初并没有问题，问题出在我们的战略没有跟随外界环境的变化而做相应的调整。战略需要“创新”。

在大多数情况下，战略对公司而言只是适合或不适合的问题，而不是对与错的问题。只有创新，才真正关系到公司的生死存亡。只有创新才能生存，而创新并不仅仅局限于技术和盈利模式的创新。可以说，在任何事情上，都要独辟蹊径，找到与众不同的道路。

任何事情的成功，都是因为做事的人能找出把事情做得更好的办法。不要认为创新很难。提到发明创造，很多人会马上想到："那是专家的事。"实际上，这种想法是十分错误的。因为某某人有发明创造，我们才称之为专家，而不是因为某某是专家，他才会有发明创造。俗话说得好："没有做不到，只有想不到。"只要你能经常动脑，注意身边的小事，你就会有创新的灵感。

创新是一个人迅速走向成功所必备的优点，也是每一个成功者都应该养成的做事习惯。虽然许多人也非常优秀，并且个人也非常有才华与学识，但是却仍然没有取得事业上的成功。其中一个重要的原因就是他们做事总是囿于固有的经验与知识，而不敢大胆地进行创新。

案例分享：

1974 年，美国政府对自由女神像翻新后留下一堆废料，于是开始向社会招标清理废料。结果无人竞标。这时候，一位犹太人听说后，立即飞往纽约，当他看到那些堆积如山的废料，未提出任何条件便当场签字。不少人对此表示不解，结果却出乎意料——这位犹太人不仅清理了垃圾，还使这些垃圾变成了金块。

他把这些材料分类加以利用——把废铜融化，做成小自由女神的铜像；把废木加工，做成木座；废铅、废铝则改造成广场的钥匙；甚至还将灰尘出售给花店。如此一来，不仅实现了资源的有效利用，还

避免了因环保问题产生的纠纷。不到 3 个月时间，这堆废料就变成了 350 万美金。这位犹太人便是麦考尔公司的董事长。

我们在日常的工作、学习和生活中，往往会形成一种处世方法，养成一种习以为常的做事习惯，总是习惯性地不假思考地按常规去做一些事情。但是，任何事情都不是一成不变的，同样的事情在不同的时候往往会呈现出不同的状态。所以，在面对问题时就要学会大胆创新，而且也只有创新才有出路。

打破常规，实际上就是要发散自己的思维，“不按牌理出牌”，从常人难以想到的地方进行思考。其实所有前人总结的管理模式与方法，对处于崭新环境中的企业来说，都只能提供一个借鉴和参考，我们决不能生搬硬套、照猫画虎，而不考虑自己企业的具体情况，活在模式的阴影里。

发挥创新潜能，敢于冒险与创新，精心地培养自己的创造力。我们唯一的希望就是：“养成每天都换一个‘大脑’的好习惯！”

第四节　你的命运由 5%的潜意识决定

为什么有的人快乐，有的人悲伤？为什么有的人愉悦又富有，有的人却痛苦又贫穷？为什么有的人永远摆脱不了恐惧和焦虑的纠缠，而有的人却始终能够对生活满怀信心？为什么有的人能在美丽奢华的家里安然度日，而另外一些人却不得不在拥挤的贫民窟里挣扎一生？

为什么有的人成就卓著，而另外一些人却终生落魄？为什么有的人说起话来让人心服口服且备受欢迎，而另外一些人却言辞乏味又令人厌恶？

为什么有的人在专业领域堪称权威，而另外一些人却终其一生也学不会一技之长？

为什么有的人在罹患“绝症”后还能重获新生，而另外一些人却因为一点小病就一命呜呼？为什么有的人明明善良温和，拥有纯粹的信仰，却得不停地为生活的苦难所折磨？为什么有的人道德败坏而且内心空洞浮浅，却能够享受荣华富贵并长命百岁？为什么有的人能够享受甜蜜的爱情，而另外一些人却只能在孤独抑郁中咀嚼遭人拒绝的痛苦？

这些情况在某种程度上是由潜意识决定的，你的命运由5%的潜意识决定。只要学会了与潜意识建立联系，并发挥出它的力量，那么地位、财富、健康、欢乐与幸福，将会齐齐出现在你的生命里，你的人生将更为绚丽多彩。

如果一个人拥有正能量，心态开放，善于接受新鲜事物，那么不论何时何地，潜意识中的无穷智慧都会提供给他所需的一切知识，不断激发他的思想和创意，最终引领着他走向一个妙不可言的真理世界。潜意识不但可以引领杰出人物做出伟大的发现，或者创造出不朽的艺术杰作，它还能帮助我们吸引不可多得的伴侣、完美的生意伙伴以及理想的客户。它还可以指引我们赢得财富，从而获得财务自由，过上随心所欲的生活。不要犹豫，从现在起就下定决心吧，去创造崭新的人生。它将会如同大海那样辽阔，像天空那样宽广，像金矿一样富庶。

人们的思想、感受、力量、光明、情爱和美好，都深埋在这片未知的世界。它虽是无形的，却有着实实在在的强大力量。发掘并善用潜意识的力量，可以使人们洞察先机，未雨绸缪，从而所有难题就能迎刃而解。只要发挥出了这种力量，你就会发现自己身处于智慧构筑的成功之中：富

有、宁静、祥和、安定。

第五节　改变自我暗示，优化人生轨迹

心理暗示，是指人接受外界或他人的愿望、观念、情绪、判断、态度影响的心理特点。人人都会受到暗示，它是人的一种本能。

人们为了逃避痛苦和追求成功，往往会不自觉地使用各种暗示的方法，比如：当灾难来临时，人们会相互安慰："一切都会过去的。"从而减少承受不幸的痛苦；人们在追求成功时，会设想目标实现时美好、激动人心的情形，这个美好的情形就会对人产生一种暗示，可为人们提供动力，提高挫折耐受能力，保持积极向上的精神状态。当然，以上两种都是积极的心理暗示。积极的心理暗示即良性暗示，能够对人的心理、行为、情绪产生积极的影响，从而有助于身心健康。

而消极的心理暗示则会破坏或干扰人的正常心理和生理状态。比如：一位企业员工下班后被锁在"冷库"里，第二天被人们发现时已经冻死了，而令人惊奇的是，那天根本就没有通电，冷库里的温度是常温！又如：某医院因填错了编号使两个胸部透视的病人互相取走了对方的检查报告单，这两个病人，其中一人患有肺结核，一人健康。后来，那个真正患有肺结核的病人却不药而愈了，而另一个根本就是健康的人，因受到错误的报告单的暗示，最终住进了医院。这是令许多人感到吃惊的现象，然而事实就是如此，心理暗示的力量就是如此强大。

生活中，每个人都会受到心理暗示的影响，因此无论遇到什么事儿都要给自己一个积极的心理暗示。而在职场中，积极的心理暗示往往是圆满完成工作的保证，可以帮助你和同事愉快地相处，与上级有效地沟通，积极地投入工作，不计较个人的得失。

相反，一个不良的心理暗示则会使你无精打采、心不在焉、工作效率下降，甚至影响到未来的事业发展。从这个角度上看，职场中人尤其要时时提醒自己，每天给自己一个积极的心理暗示，战胜不良的心理暗示。唯有如此，才能让自己在工作中如鱼得水，真正把职场变为展现自己才华的舞台。

案例分享：

有个叫理查·派迪的赛车运动员，当他第一天赛完车后，抑制不住兴奋地向母亲报告了比赛的结果。

“妈妈，妈妈，”他冲进家门叫道，“有35辆赛车参加了比赛，我得了第二名。”

“你输了！理查。”他母亲回答道。

“妈妈，”理查抗议道，“有这么多的车参加比赛，我第一次跑就得了第二，这样的成绩难道不算很好吗?”

“理查!”母亲严厉道，“你用不着跑在任何人后面!”

在以后的20年中，理查·派迪称霸赛车界。他成为赛车运动史上赢得金牌最多的赛车手，他创造的多项纪录至今还无人打破。

如果你渴望更大的成功，那么就应该相信自己。相信自己就是独一无二的，没有什么高不可攀，没有什么不可超越。无数事实都证明，你确立的目标越高，你最后的收获就越大。

我们应该时时拿理查母亲的话来暗示自己：用不着跑在任何人的后

面！相信自己，给自己一个惊喜，我一定能做到！

正面的刺激可以很好地激发一个人的正面情绪。事实上，人是十分情绪化的动物，人很容易受情绪的影响。善于控制自己的情绪，不要让消极的暗示力量占主导地位，这关系到一个人的人生走向。当遭遇困难和打击时，我们应该对自己说：我很坚强，我不会倒下。这样的心理暗示力量必将为你增添战胜困难的勇气和信心。

心理学家告诉我们：成功与否，全看你心之所向。给大脑正面的刺激，即良性的心理暗示，大脑就会活络起来，产生连自己也意想不到的力量。成功的企业家，大多都是不时地给自己良好的心理暗示——我的运气绝对是好的，我一定会取得成功。这种正面自我暗示，是所有成功者都使用过的一种自我调节方式。在某种程度上可以说，正是这种正面自我暗示的心理，导致了他们最终的成功。

悲观的人，在每一个机会中，都看到某种忧患；乐观的人，在每一次忧患中，都能看到一个机会。这就是成功者和失败者之间的心理差异。

第二部分

能量转化

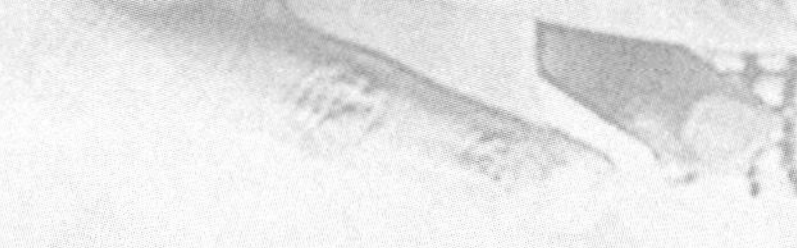

第五章　积极能量转化——行动的力量

人们担心着未来，却忘记了现在，因此他们既不是活在现在，也不是活在未来，我们不能再拥有过去，也不能拥有未来，我们拥有的只有现在……如果你能够挖掘出那些潜藏在自己内心里的强大能量，并将其转化成做事的动力，那么，你就有可能带着你的“小宇宙”力量，将每件事都完成得超乎所有人的想象！

第一节　动力能量：将消极转化为积极的力量

要想改变生活，先要改变自己。如果你是正确的，你的生活就会是正确的。当你积极面对生活时，即使再大的困难也难不倒你，这就是积极的动力能量。

很多时候，成功就在一念之间。而这“一念”，就是积极的力量，它能让你发挥无限的潜能，走上人生的康庄大道。所以，我们要将消极转化为积极的心态，以激发无限的潜能，获得人生的成功。

案例分享：

在美国，有一个叫雷·克罗克的人。他出生的那年，恰逢美国西部淘金热结束，一个让许多人都发了财的时代与他擦肩而过。当他读完中学后，本该继续读大学，可是又赶上了1931年的美国经济大萧条，他因没钱又失去了读大学的机会。后来他进入了房地产业，好不容易打开了局面，不料第二次世界大战爆发，房价急转直下，他又失去了经济来源。为了谋生，他不得不四处求职，做过急救车司机、钢琴演奏员和搅拌器推销员。就这样，几十年来，低谷、逆境和不幸时刻伴随着他。命运似乎一直在捉弄他。

虽然屡遭挫折，但雷·克罗克却丝毫不减追求美好生活的热情。他生活的动力能量来源于将消极转化为积极的力量。

1955年，在外面闯荡半生的他回到老家，卖掉家里少得可怜的一份产业开始做生意。这时，他发现迪克·麦当劳和迈克·麦当劳兄弟俩经营的汽车餐厅生意非常红火。经过一段时间观察，他认为这个生意很有发展前途。当时他已经52岁了，却决心从头做起，到这家餐厅打工，学做汉堡包。后来，他与麦氏兄弟合作成立了第一家加盟连锁店。再后来，当麦当劳景气低迷时，他又以借来的二百多万美元将其买下，并以科学化的管理开始经营独资麦当劳。

现在，麦当劳已成为全球最大的以汉堡包为主食的速食公司。而雷·克罗克，则被誉为“汉堡包王”。

一个人对待生活的态度能够决定他的一生。瑞士哲学家阿米尔曾经说

过："生活失去了希望，就不再是生活，它的名副其实的名字就该是磨难。"我们每个人的一生都要经历很多磨难，如果能做到心怀希望，将消极转化为积极的力量，那么任何磨难都会变得微不足道。反之，放弃希望的人就像是给自己的生活判了死刑，他的人生会失去全部的意义。

将消极的能量，转化为积极的能量，将决定你的人生命运轨迹。因为同样的事物，以不同的态度、方法去对待，结果也会完全不同。就像雷·克罗克屡遭挫折的经历，换作其他人，可能早已经对生活失去了信心和希望。但雷·克罗克却凭着对生活的积极心态，在人生的后半段缔造了一段辉煌的历史。

只有保持积极的心态，我们才能在困境中仍对未来充满希望。事实上，这也正是成功者与失败者的差异所在。

失败者总是用消极、悲观的心态看问题，所以他们的情绪也是消极的，比如忧愁、悲伤、愤怒、抱怨、焦虑、痛苦、恐惧、憎恨等。这种消极的情绪，会引起人们行动的迟缓、精神的疲惫、进取心的丧失，严重时会使自我控制力和判断力下降，意识范围变窄，正常行为瓦解。成功者则不然，他们在碰到相同或更大的问题时，会有积极地反应，他们会寻求问题好的一面，使结局变得更美好、更成功。

我们无法预知生活的各种情况，但我们能够以积极的心态和积极的情绪来适应它，这就是高情商的表现。

积极的心态是黑暗中的明灯，是寒冬的温暖，是一切怯懦和失败的克星。任何时候都要保持积极的心态，只要还有梦想，只要仍存期待，只要不放弃努力，人生就会有很多机会和幸运等着你。

第二节　制胜能量：折服一切对手和朋友

无论我们现在处于什么状况，一定要相信自己是最棒的，这样你才会有制胜的能量，来折服一切对手和朋友。不要把自己当作“鼠”，否则肯定被“猫”吃掉！生命对所有人都是平等的，只是看你对它的态度，如果你充满制胜的能量，那么成功将会伴随你一生。

拥有了制胜的能量，一双脚就能踏尽大漠沙海，一双手就能雕绘出莫高窟的金碧辉煌；拥有了制胜的能量，脚下就能飘起“丝绸之路”，身后就会有“丝路花语”；拥有了制胜的能量，葛洲坝就能“截断巫山云雨”，“神州号”亦能遨游于神秘天宇。

拥有制胜的能量，是一种自信，是成功的第一秘诀。它是激励自己奋发进取的一种心理素质，是以高昂的斗志，充沛的干劲迎接生活挑战的一种乐观情绪，更是战胜自己，告别自卑，摆脱烦恼的一种灵丹妙药。

李白发出了“仰天大笑出门去，我辈岂是逢蒿人”的浩叹，自信“天生我材必有用，千斤散尽还复来”，最终成为了一代诗仙。毛泽东写下了“自信人生二百年，会当击水三千里”“数风流人物，还看今朝”的豪言壮语，最终使他克服重重困难，成为了一代伟人。而所有的成功，都来源于他的自信。

案例分享：

有一位公司的主管，在他的办公室，可以看到两幅漫画：一幅满脸都是笑，眉毛、眼睛、鼻子、嘴都向上，弯弯的像月牙，从上面往

下掉的金元宝都接住了，一个也没掉在地上。另一幅则满脸都是气，眉毛、眼睛、鼻子、嘴都朝下，一撇一捺，像斗笠，从上面往下掉的金元宝都落在了地上，一个也没接住。

这位主管说，这两幅画，就是他工作取得成功的秘密。“我每天早晨走进办公室，每当我遇到难题的时候，我都会看着它，它会对我说，任何时候，都选择快乐，拥有自信!”

原来，这位主管在年轻的时候，家在郊区农村，每天到城里来上学。他高中毕业后没有考上大学，别人都以为他会垂头丧气，没想到他却高高兴兴地回家，搞起了科学养鸡，不到两年就致富了。

他用自己赚的钱，给家里盖了三间大瓦房。按照当地习惯，盖房上顶梁时要放鞭炮请客。上梁那天，街坊邻居都来了，杀猪宰羊放鞭炮，十分热闹。就在大家兴高采烈地喝酒吃饭的时候，只听“轰”的一声，梁塌了！砸得满地尘土。

大家都愣住了，不知说什么好。这时，就听有人“哇”的一声哭了起来，这位年轻人一看，是他姐姐。他就说：“哭什么？你哭，它就立起来了吗?”说着，他端起酒杯，对众人说：“来，大叔大婶们，咱们接着喝。梁倒了，再上一次。正好咱们街坊邻居又多了一次喝酒的机会，后天中午还请大家再来!”

这件事儿，后来不知怎么传到一位公司经理那儿，他们公司新开发了一个项目，正在招人，可是销售经理一直没有找到合适的人选。他听说后，就找到那位年轻人，说服他加盟自己的公司。

当时公司的其他负责人都不同意，认为那位年轻人没有学历，没有经验，不能胜任这项工作。可是这位经理听了却说：“那没关系，因为我们不是用他20天，而是准备用他20年。你们说的这些，他会有时间学会的。他这种乐观自信的性格，不是别人可以花时间学会的。我看中的正是这一点。”这位经理力排众议，起用了那位年轻人。

后来，那位年轻人果然不负所望，用了不到一年的时间，就将销售区域覆盖了整个东北市场，三年后，产品遍及全国并出口到国外。后来，他成了这家公司的主管。

在这个世界上，有人生活在贫困里，自卑而羞涩，有人靠自己的双手创造财富，为自己搭起一座城堡。有人在失败的阴影中徘徊，有人却擦干泪水重新起程，坚信明天会是更美好的一天。有人在别人的质疑声中摇摆不定，有人却自信得走自己的路。如果我们把人简单的分成两类的话，我们相信，最好的标准就是自信和不自信。

一般来说，缺乏自信心，缺乏制胜能量的人，很难客观地肯定自己，尤其是遇到挫折后，最容易发现自己的缺陷，如知识贫乏、能力不强、笨嘴拙舌。这种时候，缺乏自信心的人会自然而然地把这些缺陷当成包袱背起来，老是压在心头，最终连自己的优点和长处也看不到了。而且，做事缺乏自信的人，往往不能对发生的事情做出正确的判断，以至于影响事情的结局。

但凡成功的人，无不拥有制胜的能量，具有折服一切对手和朋友的气场，而灰心丧气的人往往永远都不会成功！想干一番事业，最重要的要自信。连自己都不相信自己，如何干事业？大千世界，百家百行，要想在激烈的竞争中站稳脚跟，除了靠智慧外，最重要的就是自信！

第三节　职业能量：助你职场一路辉煌

成功的人和失败的人最大的差别就在于，成功的人具有积极的职场能量，有着一般人所不及的执着，善于总结经验教训以及对工作进行归纳，寻找高效做事的方法。

案例分享：

邱先生现在是一家运动器材代理公司的总经理，住着豪宅，出入名车代步，尽享成功人士的优越与潇洒。其实在10多年前，邱先生还只是一个普普通通的打工仔，跟同龄人比起来，没有多少优势可言。

留意身边的同学或朋友，最初的时候，大家在同一条起跑线上，彼此之间没有多少距离。若干年后，一些人走向了成功，一些人还在原地踏步，人与人之间的距离就是在这样的情况下产生并逐步拉大的。

我们看邱先生是如何从一个打工仔走向人生辉煌的。

20年前，刚走出大学校门的邱先生从安徽老家来到深圳发展，在龙岗区一家生产运动器材的台资企业打工。由于有着不错的口才、外向型的性格和对工作热情的态度，邱先生被领导看中，分配到销售部门，从事国内市场开发工作。

刚到销售部时，邱先生由于没有相关工作经验，出去推销常常碰壁，此时的他不但业绩平平，自尊心也受到一定的伤害。邱先生一度对销售工作失去了信心，士气也低落下来，走起路来蔫头耷脑的，没有一点精神。如果不是那时候找工作特别困难，他真想放弃这份来之不易的销售工作。

经理看到邱先生如此消沉，就找机会开导他，给他讲解一个销售人员应该具备职场能量：面对挫折不屈不挠的精神和不懈努力的斗志，鼓励他重新振作起来，重新鼓起士气。

在经理的开导下，邱先生迅速调整了自己的状态，以比原来更加高涨的能量投入到工作中去。没有销售经验，他主动向老业务员请教，多方收集运动器材的市场信息，将本公司的运动产品性能和优势背得滚瓜烂熟，为营销工作做着各项准备。为提高说服客户的语言表达能力，他还报名参加一所高校在龙岗区举办的“口才提升”培训班，对驾驭语言的能力进行强化训练。

积极的能量和高涨的工作热情终于换来应有的业绩回报，一个月后，邱先生拿到了从事销售工作以来的第一张订单。虽然订单的金额不足10万元人民币，邱先生还是高兴得不行。他将公司按照规定给予的提成款倾囊而出，又另拿出半个月的工资，请销售部所有人员吃了一顿丰盛的晚饭，表示对初战告捷的庆贺。

有了第一次的收获，邱先生心态稳定了，工作的热情有增无减，订单也慢慢多起来，他每月拿到的提成已经接近工资的数目了。

由此可见，员工的职场能量是和工作的热情、工作的方式、工作的效率、工作的效果紧密联系在一起的。一个能量高涨的员工，心态是阳光的，和别人沟通是顺畅的，思考问题的角度是积极主动的，做事的效率是高效的，业绩自然也是好的。

取得初步成功后，邱先生没有骄傲自满，而是继续保持积极的能

量，并投入到营销工作。为了学习实战型的销售知识、得到有价值的销售信息，邱先生拿出一部分收入，经常给其他业务人员买饮料喝，请老业务人员吃饭。每当得到有价值的信息或别人传授的宝贵经验时，他都认真总结、分析归纳，努力丰富自己的知识。

销售业绩提升后，公司给予邱先生的提成越来越多了。

为了提升工作效率，邱先生在节省交通时间上想办法。以前邱先生推销产品时乘坐的交通工具是公交车，这样不仅身体疲劳，还要耗费很多时间，有时候甚至耽误了拜见客户的最佳时机，让即将到手的生意失之交臂。为了提高效率，近距离出差时，他将公交车换成出租车；长途出差时，将火车改为速度更快的飞机。工作效率提高后，邱先生的工作业绩也比原来有大幅度增长，很快成为公司业务部数一数二的骨干成员。

2 年后，邱先生坐上了业务主管的职位。

4 年后，邱先生又从业务主管提升为副经理。

7 年后，邱先生成为该公司设在内地的运动器材代理商。

10 年后，邱先生注册了自己的运动器材贸易公司，并出任总经理，代理多家知名品牌的运动器材。

职场能量助推邱先生职场一路辉煌。当了老板后，他用自己积极的能量引导、感染员工努力工作，公司生意也越做越好。邱先生买了豪宅、名车，成功人士的优越与潇洒在他身上得以充分体现。天道酬勤，成功眷顾的是充满积极能量的有心人。

邱先生的成功说明，只要肯努力工作，大家都可以用职场能量这把高效能的钥匙，打开成功的大门。纵观古今中外许多取得很大成就的人士，他们在成功之前，大多都是“市井小民”中的一员。

世界上最伟大的发明家爱迪生，是卖报的出身，在从事发明的过程中，他经历了一次又一次的失败，然后一次次地重新鼓起勇气继续努力，最终取得一项又一项成功，成为让世人尊敬的发明家。爱迪生靠积极的能量、智慧和汗水，不断让事业走向人生的巅峰。他的成功让因士气低迷而功败垂成的人感到羞愧，他的精神让众人为之敬仰。

蒙牛集团创始人牛根生，最初在伊利集团工作时只是一名洗瓶工，他靠着积极能量产生的工作热情，在伊利集团不断成长，最终坐到了伊利集团副总裁的宝座，在离开伊利集团后，创立了蒙牛乳制品帝国。

在职场中，态度端正的人，会采取积极的态度，用更加高效的工作引起领导的器重。一个有智慧并愿意努力工作的人，注定了能够取得职场的成功（只是成功的时间早晚和程度大小不同而已）。但如果缺乏职场能量，那就势必拖延成功的时期，弱化成功的程度，难以收到理想的效果。

第四节 营销能量：拿下所有订单

营销是一份跟人打交道的工作，需要不断地接触陌生人，感染陌生人。作为一名优秀的营销人员，不能缺乏积极的能量和拿下所有订单的勇气。

营销能量，能够让你一开口就打动对方，甚至把对方的注意力100%地吸引过来，只有这种对成功渴望的激情才能真正地感染到客户。

营销能量能够体现一名营销人员对自己的事业的热爱程度，对客户的

真诚，也能让客户看到你对待生活的态度。激情能够带来感染力，能够让产品感情化、灵魂化，让人乐意接受。看看那些优秀的营销人员，无一例外的都是对工作充满激情的人。

案例分享：

世界上最杰出的推销员乔·库尔曼就是这样一个对销售工作充满积极能量的人。乔·库尔曼说："成功不是用你一生获得的地位权势衡量的，而是用你克服的障碍来衡量的。激情和能量就是克服障碍的精神动力。"

乔·库尔曼的童年生活非常艰苦。他从小失去了父亲，母亲靠做点手工活维系生活，拉扯他们兄妹5人。由于出身贫寒，所以乔·库尔曼很小的时候就已经很懂事了。为了减轻母亲的负担，他常常凌晨就在码头、站台旁卖报纸。

18岁那年，乔·库尔曼成为一名职业棒球手，却在一次联赛过后遭到了解雇。当时乔·库尔曼的心情很难平静，不明白自己为什么被解雇，于是他敲开了经理办公室的门。没想到老板毫不留情面地对库尔曼说："你在球场上跑动很勤快，但是却没有激情，没有拼搏的精神，你不适合再从事这项运动了。另外，小伙子，你还年轻，要记住，以后不管从事哪一种职业都要有激情，因为只有你充满活力，公司才看得到希望。"

此后，乔·库尔曼又参加了另一支球队。这一次他跟自己说，一定要做球队里最富有激情、最有能量的那个选手。于是，在接下来的比赛中，乔·库尔曼像是一台马力十足的机器，冒着高温不知疲倦地在球场上奔跑着。他的激情和能量感染了身边的队友，最终他的球队拿下了联赛冠军。乔·库尔曼成了最大功臣，也借此一举成名。当时还有媒体给乔·库尔曼起了一个响亮的绰号——奔跑机器。

这次经历深深地烙在乔·库尔曼的心里，他对自己说，以后不管做任何事情，都要以百倍的激情和能量去做，只有激情和能量才能带来胜利的果实。

后来，由于年龄的缘故，乔·库尔曼从球队退了下来，改行做了一名人寿保险推销员。一转眼过了快一年，乔·库尔曼还没有成功做成一张单。再坚强的心这时候也被残酷的现实淹没、吞噬。他开始感到迷茫了。

这时，库尔曼参加了演讲培训。他想起当时卡耐基指点他的话："库尔曼先生，为什么你的讲话让人感觉软绵绵的呢？你觉得观众喜欢听一些没有激情和能量的演讲吗？"

随后，卡耐基亲自上台演讲，给乔·库尔曼生动地上了一课。讲到高潮处，卡耐基甚至砸了手边的椅子。这一次，乔·库尔曼总算知道了真实的激昂是什么样子，真实的感染力是怎么穿透灵魂的。此时，乔·库尔曼想起了那个在球场上奔跑的自己，他再一次发誓要把那时发疯般的激情和能量拿出来，投入到现在的工作中去。他发誓要用自己的激情和能量改变现在的生活，要在保险业做出点成绩。

不久，在向一个客户推销的过程中，乔·库尔曼讲到高潮的地方，甚至用拳头敲打桌子。后来，乔·库尔曼发现自己的激动不但没有招来客户的反感，反而令客户更加尊敬自己了，并答应下一次接着谈。第二次会面，客户同样被乔·库尔曼的激情和能量所震撼。客户

坐得很端正听他讲，最后，客户只有提问题的份，几乎不打断他，最终这笔单子顺利地签了下来。

乔·库尔曼尝到了“激情和能量”的甜头，此后便更加一发不可收拾。他深深体会到一个道理：只要强迫自己散发激情和能量，激情和能量就成了一种习惯，成了自己工作时的一个符号。正是激情和能量让乔·库尔曼一步一步地迈向成功。

他也一直跟周边的朋友说：“人生的真谛并不是你有多少钱归自己分配，而是你有多少激情和能量去分配自己的生活。”

在从事保险工作的 20 多年里，乔·库尔曼一共卖出 40000 份保险，平均一天卖 5 份。乔·库尔曼成了第一个连任 3 界的美国百万圆桌俱乐部的销售员。时至今日，百万圆桌俱乐部仍然是世界上最具影响力的推销员组织之一。

对于一个优秀的营销人员来讲，积极能量来自内心的不懈追求与渴望，对于一个致力于把自己发展成为卓越的营销人员的人来讲，营销能量就是一种标尺，拿下所有订单。

一个充满能量的人不仅要善于表现自己的激情，还要把激情转化为资源、动力。营销人员要善于用自己的激情和能量来感染客户、吸引客户，甚至可以说，激情和能量不仅是一种立足的能力，更是一种增强竞争力的手段。

第五节 幸福能量：激活生命中的幸福能量

当今社会，人们为了功成名就、为了大富大贵，不停地奔波、不停地忙碌，他们渴望功成名就、大富大贵给自己和家人带来幸福，他们终其一生的努力去追求人生的幸福，他们非常清晰人生的终极目标是幸福！然而他们在追求梦想的时候，无暇观赏沿途的风景，忽略身边暖暖的爱，却不知道幸福就在身边，幸福是时刻都可以享受的，幸福是可以伴随一生的。

人生的终极目标是幸福！那么，如何让自己人生的每一天都能感受到幸福呢？如何激活生命中的幸福能量呢？

我们发现，现代人物资生活越来越丰富，幸福指数却越来越低，患抑郁症的人越来越多。很多人误以为财富与名利可以带来幸福，然而亿万富翁相继自杀的数字在持续增长，明星自杀的新闻也不为鲜见。

哈佛大学著名积极心理学导师泰勒博士说："幸福不取决于银行账户有多少钱，而取决于你的精神状态！成功不一定给你带来幸福，但幸福会给你带来更高层次的成功。"

积极心理学之父马丁·塞利格曼从一家企业的15000名营销人员中随机抽取1100名进行5年跟踪调研，结果表明：具有积极心理的人，生产力比消极心理的人低88%，离职率比消极心理的人低3倍。当你用快乐的情绪工作，会提高生产力；当你用愉快的情绪与人相处，你会拥有更多生命中的贵人；当你用乐观的态度看事物，你就能够把不好的遭遇变成好事。因此带着幸福感工作会给你带来更高层次的成功，带着幸福感生活会让你的人生更加美好。马丁·塞利格曼说："积极的力量让幸福永恒！"

幸福这玩意儿，有的人一生在追求，却一生感觉不到它；有的人从未刻意追求，却时刻品尝着它；有的人在别人眼里已经很幸福了，而他自己却体会不到；有的人在他人看来很不幸福，而他却觉得十分幸福。幸福到底是什么？怎样才能拥有幸福呢？

其实，幸福只是一种感觉，它源于一颗感激的心。能够拥有融洽至爱的亲情、爱情、友情，这就是真正的幸福。

案例分享：

有一个人，他生前善良且热心助人，所以在他死后，升上天堂，做了天使。他当了天使后，仍时常到凡间帮助人，希望感受到幸福的味道。

一日，天使遇见一个诗人，诗人年轻、英俊、有才华且富有，妻子貌美而温柔，但他却过得不快活。

天使问他："你不快乐吗？我能帮你吗？"诗人对天使说："我什么都有，只欠一样东西，你能够给我吗？"

天使回答说："你要什么我都可以给你。"诗人直直地望着天使："我要的是幸福。"这下子把天使难倒了，天使想了想说："我明白了。"

然后天使把诗人所拥有的都拿走。天使拿走诗人的才华，毁去他的容貌，夺去他的财产和他妻子的性命。天使做完这些事后，便离去了。

一个月后，天使再回到诗人的身边，他那时饿得半死，衣衫褴褛地躺在地上挣扎。于是，天使把他的一切还给他。然后，又离去了。

半个月后，天使再去看看诗人。这次，诗人搂着妻子，不住向天使道谢。因为，他得到幸福了。

只要心中有爱，珍惜自己所拥有的，一路走下去，幸福会始终跟着你。人生很奇怪，每每要到失去，才懂得珍惜。其实，幸福早就放在你的面前，肚子饿的时候，有一碗热腾腾的拉面放在你眼前，这就是幸福；累得半死的时候，扑上软软的床，也是幸福；哭得要命的时候，旁边有人温柔的递来一张纸巾，更是幸福。

法国哲学家让·雅各·卢梭说："幸福就是在银行有一笔可观的存款，就是有好的胃口，并且有条件尽情享用各种美食。"

幸福本没有绝对的定义，在你需要的时候能获得满足，这就是一种幸福！你所拥有的一切：在你穷途末路时，曾给过你鼓励和帮助的朋友；在你遇到挫折，心灰意懒时，曾给过你温暖和安慰的家人；在你饥寒交迫时，能够美美地吃上一顿饱饭；在你心急如焚，口干舌燥时，能够喝上一杯冰镇汽水。这种种的一切，都是你的幸福。珍惜现在你所拥有的，感到非常的满足，你就是最幸福的。幸福其实就这么简单。

第六节 健康能量：让生命平衡运转

古语云："怒伤肝，恐伤肾，思伤脾，忧伤肺。"这些消极的能量会在不同程度上影响我们的健康。比如持久性的消极能量会使大脑机能严重失调，甚至引起焦虑症、抑郁症、神经衰弱等。

但只要找到合适的方法和途径，通过合理的宣泄，就能消除不良心态，重拾一份好心情，恢复健康能量，还我们一个健康的身体，让生命平衡运转。所以，为了你的健康，请保持积极乐观的心态。

案例分享：

迈克尔·法拉第是英国的物理学家、化学家，也是著名的自学成

才的科学家。他的主要成就是提出了电磁感应学说，发现了电场与磁场的联系。

法拉第年轻的时候体质很差，由于工作紧张，用脑过度，身体十分虚弱，多方求治也不见效。后来，一位名医给他进行了检查。这位医生并没有给他开药，只送了他一句话："一个小丑进城，胜过一打医生。"

法拉第仔细琢磨这句话，品出了其中的意味。于是，他开始抽空去看马戏和喜剧，那些精彩的表演总是让他开怀大笑。他还到野外和海边度假，调剂生活，以努力让自己保持愉快的情绪。久而久之，法拉第的身体竟然慢慢康复了。

现代医学及心理学的研究结果表明，健康能量是一种积极的情绪，情绪不仅会影响人们的心理健康，还会直接影响人们的身体健康。若一个人心情愉悦、舒畅，生活态度非常积极、豁达，则人体的免疫功能就会活跃、旺盛，就会减少感染疾病的机会。反之，则有可能会因情绪失控而引发神经系统功能失调，使人体内阴阳紊乱，百病丛生。

事实上，积极能量对人们身体的健康，起着无比重要的作用。比如，理论上讲，人的寿命可达 110 岁以上，上限高达 160 岁。但真正能活到 100 岁的人都很少，为什么？有关研究已经表明，影响人的寿命的因素除了生活坎坷和劳累外，还有一个重要原因就是"感情损伤"。

正常情况下，人们心理上受到的外界刺激要与承受力保持平衡。若情绪总是不稳定，有时高涨，有时低落，便会处于失调状态，造成病灶"感情势能"。当某些"能量"积攒到一定程度时，会使生理代谢紊乱，免疫功能降低，甚至出现某些疾病。

在一定程度上，心态上的开朗与抑郁、炽热与冷漠、喜悦与焦虑、镇定与暴怒，婚姻家庭及事业上的顺利与挫折、成功与失败等，这些事物之间都是有联系的，它们相辅相成，一旦负面情绪占据主导地位，削弱生理机能，就会导致各种致病因子肆虐，结果是不言而喻的。

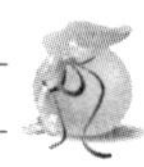

第六章　如何利用积极能量与领导力影响他人

积极领导力是一种肯定的正向导向的力量，它关注员工的长处多于缺点，强调积极乐观多于消极悲观，强调支持性沟通多于批评性沟通。积极领导力强调向善和快乐主义。它关注如何使人们达到最佳状态，如何开发人们内在的优异品质。

第一节　营造积极氛围，领导与下属互相信任

自从出现了社会分工以后，我们的社会便出现了合作。尤其在今天我们所处的社会里面，信任与合作是一体化的，而不是互相独立的。合作才能共赢，成为越来越多人的共识。然而，合作是以互相信任为前提的，没有信任，就难以产生合作的基础。

那么，在一个团队里面，我们又该如何营造积极的氛围，如何处理信

任与不信任之间的关系？

对团队领导来说，当他不信任某个员工的时候，可以利用公司赋予他的权力，采取强制措施提高他的信任度，如解聘他不信任的员工。反之，当员工不信任领导的时候，又该怎么办？要知道，普通的团队成员是没有权利去“炒掉”自己的领导的，如果这种对领导的不信任持续存在，团队的战斗力毫无疑问会受到影响。

同样，团队成员之间的互相不信任，也会降低团队的战斗力。比如当团队内部的岗位减少时，成员之间为“上岗”而产生的竞争趋于激烈，成员彼此之间的信任将会下降。内部成员之间相互信任的降低，将会增加团队内部的协调成本和工作的被动性，并降低团队的工作效率和绩效。

对于一个成功的团队来说，内部成员之间的相互信任，通常被视作必要的前提。同时，团队失败的主要因素也被归结为内部缺乏相互信任。这是因为团队成员之间的合作关系，实际上基于一种对未来行为的承诺，而这种承诺既可以是公开的，也可以是隐含的。因此，只有彼此间充满信任，各方信守诺言，才能使这种承诺成为可靠的计划并最终得以实施。

案例分享：

有一家知名银行，其领导者特别放权给自己的中层管理人员，一个月尽管去花钱营销。有人担心那些人会乱花钱，可事实上，员工并没有乱花钱，反而维护了许多客户，业绩成为业内的一面旗帜。

相比之下，有些领导者把钱看得很严，生怕别人乱花钱，自己却大手大脚，结果员工在暗中也想尽一切办法谋一己私利，最后大家都把心思放到了谋私利上面，工作却没人做了。

还有一家经营环保材料的合资企业，总经理的办公室跟普通员工的一样，都在一个开放的大厅中，每个普通员工站起来都能看见总经理在做什么。员工出去购买日常办公用品时，除了正常报销之外，公司还额外付给一些辛苦费，这个举措不但杜绝了员工弄虚作假的心思，而且还使员工有了被信任的感觉，工作起来自然是劲头十足。

从上面的案例中，我们可以体会到营造积极的氛围，领导与下属相互信任，对于团队中每个成员的影响，最明显的效果就是会增加员工对团队的情感认同。而情感上的相互信任，正是一个团队最坚实的合作基础。当团队给成员一种安全感的时候，成员才会真正认同自己的团队，并且为了团队贡献自己的力量。

通常来说，在一个团队里面，由于团队领导掌握着较多的信息，再加上自身职位的权力优势，就导致了其往往会对某些员工比较信任（那些不被他信任的员工往往会被他“处理掉”）。因此，团队里面真正的信任问题，不是领导对员工的不信任，而是员工对领导的不信任。作为团队领导，一定要意识到这一点，并努力让你的成员相信你、信任你。

建立一个互相信任的团队积极氛围并不容易，但这却是团队领导必须要做的事情。否则，团队内部合作的成本就会大大提升，团队的工作效率也会下降，这显然是团队领导不愿看见的事情。

可见，只有建立了积极的信任的氛围，才能保持持久的合作。下面就如何建立积极的氛围提出了 8 条参考意见，我们不妨借鉴一下：

1. 展现信任

假如你想建立一个积极的信任的工作环境，那么首先要展现信任。制定规则，政策和流程，来保护组织内大多数需要和应当被信任的员工不受一小股坏势力的影响。

2. 分享信息

信息就是力量。建立信任关系的一个最佳方法就是分享信息。分享信息有时意味着公布一些被认为是机密的信息，包括敏感和重要的话题，如竞争者的行动，未来的商业计划和策略，财务数据，行业问题，竞争者的标杆行为，团队行动对组织目标的贡献，以及绩效反馈等。给员工更多的信息，意味着向员工传递信任和“我们在一起”的感觉。这能帮助员工从更宽的角度看待组织以及内部各种群体、资源和目标的相互关系。

3. 开诚布公

各种研究均表明，员工很看重领导是否正直。人们更愿意跟着自己信任的人。商业领导如能开诚布公，即使对待坏消息也能用一种开放和诚实的态度，那么就能建立牢固且长期的信任关系——无论在公司内部还是外部。

4. 给每个人提供赢的机会

你希望员工一起工作还是彼此竞争？当组织内的员工被迫彼此竞争的时候，所有人的信任都将丧失。员工唯一考虑的就是怎样才能成为第一。

5. 给予反馈

保证领导按时与员工进行面谈，讨论他们的工作进展。在恰当的时候给予员工绩效反馈，可以提高员工绩效表现达标的概率。

6. 正面解决问题

正面解决问题，意味着要把问题摊在桌面上，给予员工机会去影响整个过程。当领导者扩大员工的影响圈，员工就更愿意接受最终的结果，因

为他们不再感到自己是被控制着的。这将提高信任关系，为领导者树立信用度。

7. 承认错误

道歉是一种有效纠正错误的方法，同时可以通过重建信任来改善关系。但是在很多组织内，员工和领导者都习惯于掩饰错误，因为这些错误是不能被接受的。这样的做法把问题变得更严重。领导者如能在自己犯错时勇于承认错误，并不会被视为懦弱——他们将被认为是正直的，值得被信赖的。

8. 言行一致

作为领导，必须是组织愿景和价值的活标本。领导力中最关键的是和他人建立信任关系。缺乏信任的组织就不可能有效发挥功效。领导者和员工之间的信任对彼此一起工作至关重要。假如领导说这样却做那样，员工就会质疑其是否还值得信任了。

这 8 条参考意见也许并不全面，但它却足以让我们意识到，只要你有心，建立一个积极的、互相信任的团队也不是那么难。

第二节　建立积极关系，领导者要帮助员工提升价值

领导与下属之间要建立积极的关系，领导者要会为他人提升价值，帮助员工实现梦想。

我们处在一个讲求共赢的社会环境当中，所以一个团队想要有战斗力，成员之间必须保持共赢的态势才行。一家企业也是如此，任何一家企

业的成功都不是单纯的老板个人的成功，而是老板与员工一起努力得到的成就。

所以，企业盈利之后，老板和员工都能公平地获得相应的报酬才能使企业健康地运转下去。而实际上，很多老板却意识不到这一点，他们只在乎自己的成功，而忽略员工的诉求，这就造成他们的企业很难获得持久的发展。

实际上，很多保持健康态势的企业，其老板都特别注重员工的诉求，他们甚至本着这样的心态建立企业，即创建一个平台帮助员工实现梦想，顺便实现自己的梦想。

老板激发员工成就感的一个有效策略，就是充分尊重员工的自主性。研究表明，成就需要是基于内在心理体验的一种需要。其满足来源于人们对所取得的工作绩效的一种内在心理体验。这种体验包括两种：一种是对工作成果中凝结的个人贡献的体验，另一种是将个人贡献与他人比较获得的优势体验。

通常来说，一个人获得的自主性越大，个人在团队中的地位越高，就越能体验到成就感。这就要求领导者在管理团队的时候，一定要给予下属充分的自主性。领导者能放的权力，一定要放，让员工发挥最大自由完成工作任务。这样，当他们完成任务的时候，就有最大强度地实现自我价值的感觉。

实际上，很多领导者并不明白这个道理。他们在带团队的时候，常常这也管那也管，事无巨细，吹毛求疵。这样就导致员工的自主性没地方发挥，他们被老板束缚住了。在这样企业工作的员工通常是感觉不到多少成就感的，所以他们的工作积极性也很差，他们中的大部分人基本上都处于

一种当一天和尚撞一天钟的工作状态。这样的团队显然是没有战斗力的，当然也不会获得持久的发展。

相反，在一些著名的企业里，精明的老板总是给员工最大的工作空间，让他们体验主人翁的感觉，而自己只负责鼓励和帮助员工。

案例分享：

微软公司是一家没有官僚作风的企业。企业的领导者比尔·盖茨充分尊重员工，放权给每一个人主导自己的工作。微软的员工处处都能体会到一种人人平等的感觉，比如，微软没有打卡的制度，每个人上下班的时间基本上由自己决定。在这家企业里，资深人员基本上没有特权，依然要自己回电子邮件，自己倒咖啡，自己找停车位，而且每个人的办公室基本上都一样大。

比尔·盖茨施行开门政策，这就是说，企业的每一个人都可以找任何人谈任何话题，当然，任何人也都可以发电子邮件给任何人。一次，一个新员工在开车上班时撞了比尔·盖茨停着的新车。她吓得询问上司该怎么办才好，上司告诉她，只要发一个邮件向比尔·盖茨道歉就是了。于是，她发了一封电子邮件给比尔·盖茨，不到一个小时，对方便回信了，他告诉她：别担心，只要没伤到人就好。还对她加入企业表示欢迎。

微软企业不仅在一些细节上给予员工充分的权利，而且它还鼓励员工畅所欲言，对企业存在的问题，甚至上司的缺点，毫无保留地提出批评和建议。比尔·盖茨说："如果人人都能提出建议，就说明人人都在关心企业，企业才会有前途。"微软因此开发了满意度调查软件，每年至少做一次员工满意度调查，让员工以匿名的方式对企业、领导、老板等各方面作出回馈。所以，微软企业的每个经理都会得到多方面的回馈和客观的打分。比尔·盖茨和其他高层领导以及人事部门都会仔细地研究每个组和经理的结果，计划如何改进。

1995年，当比尔·盖茨宣布不涉足Internet（网络）领域产品的时候，很多员工表示反对。其中，有几位员工直接发信给他说，你这是一个错误的决定。当比尔·盖茨发现很多人都反对他的意见时，便花很多时间与这些持反对意见的员工见面，面对面探讨这个问题，最后他写出了《互联网浪潮》这篇文章，承认了自己的过错，改变了当初的想法。同时，他把许多优秀的员工调到Internet部门，并为此取消或削减了许多产品，以便把企业的更多资源调入Internet部门。那些当初批评比尔·盖茨的人不但没有受到处分，而且还得到重用，如今他们都成了企业重要部门的领导。

比尔·盖茨处处给予员工足够的权利和尊重，这就使得他的员工能够获得一种成就感，从而尽心尽力为企业工作，这是微软公司强大的一个重要原因。刚刚创业的人在管理企业的时候，更应该学习比尔·盖茨的管理策略，给创业伙伴充足的信任和权利，让大家感受到创业成功不仅是成就你个人，更是成就大伙，这样企业才有凝聚力和战斗力。当然，创业者能这样做，也在无形当中提高了自己的领导力。

大道至简，知易行难。许多人都明白"先成就同伴，后成就自己"的道理，可就是做不到。归根结底，这就是自私自利的心思在作怪，他们不

愿意把权力和利益与他人分享，而只想自己独占独享。创业者想成功，就要克服这种小家子气的毛病。作为企业的领导者，只有具备先成就别人后成就自己的心胸，并且尽力去实现它，成功才可能会水到渠成。

第三节　树立积极形象，把好运吸引到身边

生活中，你一定会有这样的感慨和发现：

为什么有钱的人越来越富有，人家买了房子，买了车，还出国到处去旅游，而没有钱的人越来越贫穷，只能租房、挤公交车，甚至连吃饭都快成问题了；

为什么朋友多的人，身边的朋友越来越多，而且各行各业的都有，而缺少朋友的人则往往一直形单影只，有一两个就不错了；

为什么一个人赚得越多，老板越是不停地给他升职加薪的机会，结果赚得越来越多，而那些赚得少的人，老板不仅不给他们加薪，还会扣除他们的奖金，结果发的工资连生活费都不够；

……

看到这儿，有人可能就有点别扭了，觉得这不公平。其实，这是很正常的事情，也是很公平的事情。不管是过去，还是现在；不管是国内，还是国外，都一样。当一个人取得了一定的成功以后，他就拥有了更多的资本，更多的资本首先表现为更强的能力，更强的能力就意味着更容易取得更大的成功。

古时候不是有那么一句话“多财善贾，长袖善舞”，意思就是说，有了长袖就创造了“善舞”的条件，有了资金就创造了“经商”的条件。其

实跟马太效应有异曲同工之妙，它们说的都是只要你有了一定的积累优势，就能有更多的机会获得成功，最终造成“强者更强，弱者更弱”的局面。

在职场中，想要自己变得更强大，就得先提升自己在某一方面的优势，只有在某一方面获得了提升，老板才会给你更多的机会。你的机会越多，你的成功率也就越高，最终你会越来越强大。看看下面这个案例，讲的就是一个职员通过塑造自己的积极形象而获得了成功的过程。

案例分享：

李一鸣的工作一直开展得不顺利。因为工作开展得不顺利，所以就成了低收入群体的一员。因为囊中羞涩，他就更加不愿意约见大客户，不知不觉就形成了恶性循环，整天愁眉苦脸、闷闷不乐。

他在公司里最羡慕的人就是王辉了。王辉是那么有气度、有能量，很多大客户都是他谈下来的，给公司创造了巨大的利润，个人的提成本来就很多，因为利润的增多，公司又给他提高了业务提成的百分比。

公司的人经常对王辉开玩笑说：“王辉，我们发现，所有的好事怎么都让你一个人赶上了。”王辉总是谦虚地笑笑说：“运气，运气而已。”这真是让李一鸣羡慕不已。李一鸣虽然工作业绩不好，但他是一个肯学习的人，他想王辉身上一定有着成功的秘密，只是大家没有发现。

怎么办？成功的简单方法应该从模仿开始。于是李一鸣开始留心观察王辉的生活习惯和行为细节，一个偶然的发现，让他感到非常吃

惊，他发现王辉的生活习惯和自己的确不太一样。

王辉没有想象中那么努力，甚至从来没有像李一鸣那样一整天地钻研推销的书籍，相反，王辉有的时候还在上班的时间填个公出单，出去逛商场，回单位的时候手上就多了几个装高档衣服的袋子。

李一鸣好奇商场里有什么神奇之处，让王辉这么重视。于是，周末的时候，李一鸣也拿出时间逛逛大商场。一个月下来，果然受益匪浅。李一鸣了解了很多品牌，同时也发现王辉穿的衣服都非常高档，这是他以前没有留意过的。而且，在大商场里走一走，看一看高档人士的消费习惯和他们的关注点，听一听服务员对新推出的高科技产品的解说，都让他大开眼界。

李一鸣找到了差距，原来他一直都是那么的灰头土脸，给顾客的形象是那么的消极，很难让客户对他的产品感兴趣。要想让客户对自己投资，自己要先给自己投资，于是他决定改造自己。

李一鸣狠狠心，买了几套特别适合自己的有品位的衣服，给自己做了一个彻头彻尾的精品包装。第二天，大家都非常吃惊于他的变化，同事们对他的态度也明显热情多了。更重要的是，李一鸣也非常有信心出去见客户了。一些客户接触李一鸣的时候，李一鸣得体的形象和开朗的性格给了他们极大的信任感，客户谈起一些高档消费品的时候，李一鸣再也没有完全听不懂的感觉了。就这样，这种积极的状态让他的事业有了突破，从第一次的渐入佳境开始，越来越有起色，一年后居然和王辉一起成为单位里的贡献之星。

接下来，升职加薪便是不可少的，而且还有很多其他好公司想挖他过去，现在李一鸣成了一个抢手货，他也高兴地说：“幸运之神最近怎么这么关照我?”

其实，李一鸣之所以能获得成功，还不是因为自己的改变吗？他的形象和心态改变了，客户就会对他尊重和信任有加；给别人留下良好的第一印象了，客户就会考虑跟他合作；合作得多了，好运自然会找上他了。

所以在职场中，要想有好运气不断找上自己，就得先让自己变得强大。要想变得强大，就得先提升自己的优势。比如，你是做销售的，那么你就得搞好形象和心态；如果你是做技术的，那么你就得把技术做得炉火纯青；如果你是做会计的，那么你就得更加严谨和富有责任心……

第四节 充满积极能量，让自己表现得更有控制力

领导者为了保证组织目标的实现，会对下属工作人员的实际工作进行衡量和评价，并采取相应措施以纠正各种偏差，这就是控制力，是对全局的把握，使其时刻处于自己的控制之中。

充满积极能量的人，往往具有强大的气场。这里所说的气场，是指一个人的性格、言行举止而形成的个人魅力。比如单刀赴会的关云长，在长坂坡呵退曹军的张飞，都具有常人没有的气场。一个管理者如果拥有强大的气场，可以让你的职场晋升更加顺利。

每个人都有气场，但不一定有强大的气场。气场与外貌关系不大，比如身高不足一米六的拿破仑，却拥有睥睨天下的气场。气场源于内在的气质和个性，具有独占性和一定的规定性，比如性格柔弱的人，难以拥有霸气的气场。

案例分享：

刘邦先于项羽攻占了咸阳城，项羽十分生气，屯兵城下，并在新丰鸿门设宴准备杀死刘邦。敌我力量悬殊，刘邦不得不答应项羽的要求，带了100多名随从前去赴约。随从之中，有一位勇士叫樊哙。

酒过三巡，按照项羽干爹范增的安排，项庄舞剑助兴，以便寻找机会杀死刘邦。刘邦身处险境却无可奈何，樊哙得知消息后，手持宝剑和盾牌径直闯入帐中，守门的卫士都被撞翻在地。樊哙站在刘邦的身后，瞪大眼睛怒视项羽，头发都竖起来了。

号称天下英雄的项羽难免吃了一惊，警惕地握住宝剑坐直身子，得知来人姓名，赶紧赐予一杯酒和一条猪腿。只见樊哙接过酒杯一饮而尽，用剑切肉大快朵颐。项羽暗暗称奇，问他还能喝酒吗？樊哙大声说道，我死都不怕，还怕喝酒吗？我家主子率先攻占咸阳，屯兵霸上，一心等待大王您的到来。您却听信小人谗言，与我家主子发生矛盾……

趁项羽沉默不语时，樊哙护送刘邦偷偷地溜走了。这就是流传千古的鸿门宴的故事，樊哙一介武夫，凭什么喝退项羽，并唬住埋伏在帐外的如狼似虎的刀斧手，成功营救刘邦呢？气场，是樊哙身上散发出来的气场。

如果你想让自己表现得更加自信，就要让自己表现得更有控制力。因此，你需要对各种不同的站姿会带来什么样的气场有所了解。

下面这七种姿势几乎囊括了全世界60多亿人能够想到的所有站姿的集合。不管面对什么人，在什么场合，我们的站姿基本上都是在这里面挑选一种。让我们看一下这七种不同的姿势各代表着什么样的气场和效果。

第一，脊背挺直、胸部挺起、双目平视。如果不是刻意的伪装，这个姿势表明一个人具有超强的自信，给人以气宇轩昂、心情乐观愉快的印象，愿意与人交流任何问题。

第二，弯腰曲背、略显佝偻状。许多人都习惯这种姿势，实际上，这种姿势会让你表现出过强的自我防卫意识，以及意志消沉的迹象。同时，它也表明你在精神上处于劣势，有惶惑不安或自我抑制的心情。当你常以这种姿势面对同事、上司、客户或家人时，你绝难找到主角的感觉，更多会是仆从者的角色。

第三，两手叉腰而立。这个姿势表示一个人具有自信心和精神上的极大优势，显示他在任何领域都居于“一号位置”。如果一个人对面临的事物没有充分的准备，他是绝不会采用这个动作的。当然，这种姿势并不适合出现在严肃的场合，比如商务谈判现场，因为它的攻击性太强。

第四，双腿交叉而立。人们在采取这种姿势时，多是靠在墙壁或倚在桌子上。这是一种表示持有保留态度或轻微拒绝的意思，但也是感到拘束和缺乏自信心的表示，会让人在与你交际时感到微微不适或淡淡的冷意。

第五，将双手插入口袋而立。这个姿势会给人不袒露心思、暗中策划和盘算的心理印象，是成熟的姿势。当然，如果同时配有弯腰曲背的姿势，那么则是心情沮丧或苦恼的反应。

第六，靠墙壁站立。有这种习惯的人多是失意者，他们通常比较坦白，容易接纳别人。但是我们要尽量避免在交际场合采取这种姿势，因为它会让人觉得你没有实力，从而减弱对你的认可。

第七，背手而立。这个姿势通常会让人认为你是自信力很强的人，喜

欢把握局势。但是需要区别的是，如果面对的不是自己的下属，请不要把它带入交际场合。因为在某种意义上，这个姿势也会给人官僚化的感觉。

俗话说，人活一口气。这个气就是精气神，是一种积极的能量。在工作中，如果你动辄怨天尤人，唉声叹气，很难想象有多么强的气场。精气神表现在一个人的举手投足之间，古人所谓：站如松、坐如钟、行如风，既是对习武之人的要求，也是精气神的外在体现。

因此，在管理中，你尽可能地微笑，别整天愁眉苦脸；要善于运用你的眼神，使之能迅速抓住对方的内心；语言表达有条不紊，并闪烁智慧的光芒；要保持端庄的站姿和坐姿，让对方有肃然起敬之感。如此一来，你会青春焕发、阳光灿烂，拥有强大的气场，成为焦点。

第七章 团队积极能量导入：带队伍就是带人心

你的公司是不是存在这样的情况：生产进度缓慢、产品质量糟糕、意外事情频发、服务态度恶劣、员工流失严重、下属消极怠工……死气沉沉的团队无法成就卓越，只有积极能量团队，才能够创造奇迹。

第一节 领导者首先是梦想导师，学会用愿景目标拉动人心

我们处在一个讲求共赢的社会环境当中，一个团队想要有战斗力，其成员之间必须保持共赢的态势才行。一家企业也是如此，任何一家企业的成功都不是单纯的老板个人的成功，而是老板与员工一起努力得到的成就。

实际上很多保持健康态势的企业，其老板都是特别注重员工的诉求，想要帮助员工创建一个平台，实现梦想。

被称为“20世纪最伟大的CEO”的杰克·韦尔奇认为，领导人的第一要务是“设立愿景，使愿景体现在生活作息中，并激发团队去实现它”。事实上，很多伟大的企业家都善于利用“共同愿景”进行领导和管理。

案例分享：

比尔·盖茨的愿景是“使每一个人桌上都放置一台电脑”，亨利·福特的愿景是“使汽车大众化”，这些愿景都非常形象生动。福特还进一步表达他的愿景：“我要为大众生产一种汽车……它的价格如此之低，不会有人因为薪水不高而无法拥有它，人们可以和家人一起在上帝赐予的广阔无垠的大自然里陶醉于快乐的时光……”

有人可能会说，现在一般都是企业在谈愿景，如果是一个团队有必要谈愿景吗？其实，如果你把企业和团队都看成是有机整体就会明白，对所有的有机组织而言，愿景对它们的重要性在原理上都是一样的。所以，作为团队领导人，在和成员一起制定了共同的目标和路线后，还需要给团队树立一个共同的愿景，用以激发团队成员的内在驱动力，维持团队的持久战斗力。

在一定程度上，愿景就是理想。可以想象，如果一个人没有理想的话，这个人实际上就是一具行尸走肉，做什么都没有激情，没有动力。

团队如果只有目标没有愿景，也将会出现同样的现象。在一些团队里面，大家看上去每天都在忙忙碌碌，好像很敬业的样子。但如果最后考察一下他们的业绩，却发现乏善可陈，其付出与收获根本不成比例。这样的团队，就是缺少愿景的团队。在这样的团队里面，人们的工作只是为了生存，而不是为了理想。在一个只有生存，没有希望的团队里面，是没有丝毫战斗力可言的。

第二节 注重团队积极能量的建设

比尔·盖茨说："每天早晨醒来，一想到所从事的工作和所开发的技术，将会给人类生活带来巨大的影响和变化，我就会无比兴奋和激动。"对于一个成功人士来说，技术、能力、责任固然重要，最重要的因素还是团队积极能量的建设，这包括对工作的激情和执着精神。

对团队领导者来说，能不能做出骄人的业绩，常常不会取决于这个团队是不是拥有最先进的硬件设备，而是看他在拥有先进硬件设备的基础上，能不能调动操作员的士气，将先进设备的性能优势发挥到最佳状态。或者在没有先进的硬件设备时，怎样鼓舞团队的士气和激情，依靠群策群力推动业绩提升和团队进步。

作为团队负责人，你要激发团队的积极能量，提升工作效率，既需要培养自己的智慧，也可以从别人的事例中得到启发。

企业管理需要用"精、气、神"作为精神支柱。如果能把员工的"精、气、神"激发出来，巧妙运用于管理中，就能让团队成为充满活力、激情澎湃的高效集体。

在现在这个时代，千万不要迷信单打独斗，只有懂得广结善缘，才能事事亨通，一意孤行只会害人害己。一个人之于商场，如滴水之于大海，实在微不足道。一个人终其一生，顶多在一两个领域颇有建树，大多数领域对他来说都是未知，都是零，要想做成更多的事，做成更大的事，只有依靠群体，依靠众多人的合力才能完成。

案例分享：

张瑞敏领导下的海尔集团一向是国人的骄傲，可是，海尔也是凭借团结的力量才走到今天的。海尔的每一单生意，没有合作都无法进行。比如有一次，德国的某经销商要求海尔务必在两天之内将货物送到，否则他们就取消订单。海尔人当然知道这两天意味着什么，意味着在德国经销商打来电话的当天，他们就必须将货物装船。这简直是无法实现的。

然而，此刻海尔的团队合作产生了强大的力量，他们分工合作、齐头并进，联系船期的联系船期、调货的调货、报关的报关，全部都投入这场“战斗”中。当天下午5点半，当德国经销商收到了海尔发货的消息后非常震惊，继而由衷地表示感激。

海尔产生的非同一般的攻坚战斗能力，必须调动起每位员工的积极性。海尔真正验证了人多力量大这句话，正是这种合作的强大力量，海尔奉献出最好的产品和服务，同时也赢得了最大的荣誉和效益。

成功者尚且如此，作为还未成功的普通人更应该将合作视为成功的必要手段，唯有如此才能在强者如林的竞争中增加成功的概率。有些人认为自己是个小人物，出身卑微做不成大事，这是大错特错的。每一个平凡的人只要心怀梦想，团结一切可以团结的力量，给团队注入积极的能量，终会做出一番成就。

在团队积极能量建设方面，应该注意哪些事项呢？

1. **思考一个切实可行的方法**

在你的团队中，大多数人其实并不比你聪明，甚至还是盲从者。只要你动脑筋好好想一想，一定能想到好的方法，然后构思好操作的步骤并运用得当，一定能产生相应的效果。

2. **把握住一定的火候**

不管做什么工作，火候都是最重要的因素。管理工作也需要一定的"火候"因素。火候欠缺时，达不到应有的效果；火候太过时，会出现物极必反的现象。一个高明的团队负责人，一定要把握住火候，掌握好相应的分寸。

3. **适当运用煽情的语言**

煽情语言在提升积极能量时会产生重要的作用。不过，煽情要适可而止，不能过度，否则会适得其反。

4. **适当利用道具**

你如果也能巧妙利用道具，相信也能收到激发团队能量，提高工作效率的效果。只是在运用道具时不能让人看出破绽，否则将前功尽弃。

第三节　利用积极能量场，提升团队士气

团队建设要注重积极能量的导入，积极能量场能提升团队的士气。而一个缺乏士气的员工，是一个斗志低迷的个体，工作没有热情，得过且过、敷衍塞责、抱着当一天和尚撞一天钟的消极心态在单位混日子，最终成为单位的累赘或毒瘤。

一个缺少士气的团队，是一个斗志低迷的群体，是不会有好的业绩产生的。这样的团队让领导头痛，让企业背负沉重的负担。一个士气低落的公司，给人的感觉是压抑、沉闷、没有发展的生机，这样死气沉沉的公司只会受同行排挤，让客户远离，被市场唾弃，完全没有竞争力可言。

士气在团队积极能量导入中所起的重要作用，已经被越来越多的管理者高度认可。

要想让企业充满积极的能量，就要让企业中的团队充满激情、活力和斗志，就要把员工的士气调动起来，让企业中的个体成为“嗷嗷叫”的生龙活虎，让企业中的团队充满工作的热情和激情，强化战斗力和执行力，提升企业竞争力。

案例分享：

邱斌在一家生产电线、电子产品的集团公司的东莞市总部的一个生产部门任主管。由于他在工作中充满活力，显示出很高的士气，所以总给人一种精力充沛、活力无限的感觉。

说起他在这家公司的成长，非常精彩。

入职该公司，他只做了很短时间的储备干部，就被任命为基层管理人员。当了负责人后，邱斌的工作士气更加高涨，凡是交给他的任务，不管困难度有多大，他都会努力完成，从来不找任何借口，很得领导赏识，所以很快就从基层干部成长为主政一个部门的主管。

接着公司领导看他工作热情高涨，有培养潜力，又提拔他任生产部副经理。

一个充满积极能量的员工，是士气高昂的员工，他们在工作中，心态端正、积极地寻求高效工作的方法，为提升业绩不懈努力。有了这样的条件，同事喜欢、上司赏识、领导器重，成长的道路就畅通无阻。

士气在战争中的作用是巨大的，在企业管理中也同样不容小瞧。纵观世界500强企业和中国一些经营比较成功的公司，无一不是拥有一支士气高昂的团队作为基础。在中国的企业中，海尔如此、华为和联想如此，还有更多成功的企业也是如此。

一个人和一个团队在士气高昂时，能爆发出无限的能量，生发出无限的激情。这高昂的士气和激情，能激发员工工作的热情和主动性，能提高工作的效率，融洽团队的气氛，提升个人和团队的工作业绩，让员工和企业双双受益，达到双赢的目的。

士气，是员工高效工作的前提！士气，是团队提升绩效的动力！士气，是企业发展自我、战胜对手、走向强大的最有力武器！

员工拥有了高昂的士气，就能成为让领导器重、单位依赖的职员，成为职场的优胜者。团队拥有了高昂的士气，就能让业绩得到快速提升。企业拥有了高昂的士气，就能从弱小变得强大，从胜利走向更大胜利。

第四节 让每个人感到被重视

团队积极能量导入，并不是喊喊口号那么简单，而是要体现在实际工作当中。领导者要处处关心下属，让每一个人感到被尊重。

1. 善于听取员工的意见

员工向你提交意见时，你要以开放、放松、积极的肢体动作迎接他们，还要专心聆听，甚至当着员工的面做笔记。听完意见要及时回馈，让

员工知道你是多么重视他的意见，他有多么的重要！

案例分享：

老梁在公司干了半年多，总结了几条建议，一天，他鼓起勇气敲开了经理办公室的门，说："关经理，现在方便说话吗？我有几条建议想提一提。"门一打开，只见关经理和蔼可亲地出现在面前："是老梁啊，来，你这里坐。"关经理一边说，一边指了指旁边的座位，还给老梁倒一杯水，老梁有点忐忑不安地坐了下去，说："关经理，我有几点建议……"

这时候，关经理立刻随手拿起了旁边的笔记本，一边仔细地聆听，一边唰啦唰啦记笔记，老梁真有点受宠若惊的感觉。几条建议提完之后，关经理稍等了片刻，看老梁没有继续往下说，就问："还有其他吗?"

老梁只准备了几条，听关经理这么一问，立刻沉思起来，紧接着，又补充了两条建议。当老梁提完后，关经理又问："还有其他吗?"这回，老梁绞尽脑汁，也想不出了，于是说就这些。关经理仔细看了看笔记后，又认真地看着老梁说："老梁，我现在就回复你一下。第一条，提得很好，这是我们部门一直以来的一个盲点，立刻采纳；第二条，等下周一员工会议上，我交给大家讨论后，再答复你；第三条，等下我就转告财务，让财务核算一下，看能否支持我们这样去做，之后才能回复你；第四条……最后，我代表公司，也代表自己，衷心地感谢你的建议，欢迎你再接再厉。"关经理认真地回复了老梁的问题。当老梁离开关经理办公室之后，老梁感觉自己整个人都开始飞起来了，原来经理这么重视我，原来自己是这么厉害！

作为管理者，要让每个人感到被重视，首先要听取员工的意见，这样不仅可以广纳雅言，使自己思想畅通，更主要的是这种虚心听取员工意见的态度会使员工觉得你平易近人，感到自己被领导重视。开明纳谏，很容易使他们甘心情愿地为你出谋划策，尽心尽力地帮助你走向成功。

2. 欢迎发牢骚

有的下属很爱发牢骚，可一些领导对爱发牢骚的下属持不欢迎、不接纳的态度。殊不知，听取牢骚也是管理者了解情况的一种渠道，也是重视每一个员工的体现。

如果有一天你的下属在你面前发牢骚，请问这是好事还是坏事？当然是好事！下属发完牢骚，一定有两件好事：一是他确实有牢骚。他发完了，问题得到解决了，他就释放了，就没事了；二是假的牢骚。他所做的工作，所做的成绩，你也许没有注意到、关照到，于是他会通过这种方式发泄出来，让你看到他所付出的努力。所以，那根本不是牢骚，他是在向你寻爱，需要你的表扬，你让他充分地表达，他就舒畅了。

因此，当有下属向你发牢骚时，你不能厌弃他们、冷落他们，而应在日常工作、生活中主动接近他们，跟他们进行面对面的沟通。不仅要欢迎他们提意见，还要希望他们多提建议，鼓励引导他们善于提建议、善于提出解决问题的思路和方案。这样，才能密切你同下属的关系，赢得下属的支持，减少工作中的阻力。

第五节　导入积极能量，让团队更团结

团结有效率，团队出成绩，这是团队合作时代对团队精神的一个诠释。导入积极能量，才能让团队更团结。团队精神是一种心态，是团队成员融入团队，与团队发展共呼吸的一种内在责任感。正如伟大领袖毛泽东所说："团结一致，同心同德，任何强大的敌人，任何困难的环境，都会向我们投降。"

一个团队的伟大并不是由于某个成员的伟大，而是他们作为一个集体的伟大。正如海尔集团的张瑞敏所说："就单个员工而言，海尔员工并不比其他企业优秀，但能力互补、具有良好团队合作精神的'海尔团队'的确是无坚不摧的。"

团队精神的体现，就是在具体工作中密切协作。一个团体中，如果成员们彼此齐心协力，分工协作，就容易实现团队的目标；倘若互不合作，即使做好本职工作，也会各自为政使得整个团队如同一盘散沙，团队就很可能因为协调不够而失败。

拳头之所以要比手指更能伤人，是因为拳头是由五个手指攥紧而成的；一只脚站立很容易跌倒，所以我们有两只脚；一种药物的治病效果有限，所以我们几种药物并用；一滴水是微不足道的，整个大海却是无限的；员工的力量是有限的，集体的力量却是巨大的；团结就是力量，团结就是一种积极的能量。

案例分享：

在洪水到来时，小蚂蚁会倾巢而出，紧紧抱在一起，形成一个大大的圆球，人们称之为蚁球。小的蚁球有足球那么大，大的则有篮球那么大。蚁球便在洪水中随波漂流，中途会有小团的蚂蚁不断被浪头打开。如果能够靠岸，蚁球就会有秩序地一层层散开，迅速地一排排冲上堤岸，胜利登陆，蚂蚁们便得救了。留在最底层的蚂蚁是英勇的牺牲者，它们的尸体虽然最终只能在水中漂浮，它们的尸体仍会紧紧地团抱在一起。

在南美洲的草原上同样上演着令人震惊的场面：酷热的天气，山坡上的草丛突然起火。无数只蚂蚁被熊熊大火烧得团团包围，火的包围圈越来越小，很快蚂蚁已无路可走。就在这时，惊人的一幕上演了：蚂蚁们迅速聚拢起来，紧紧地抱成一团，很快就滚成一个黑乎乎的大蚁球，蚁球滚动着冲向火海。随着“噼噼啪啪”的响声，蚁球很快就烧成了一团火球，火球外围的蚂蚁被烧死了，但更多的蚂蚁却得以绝处逢生。

蚂蚁虽弱小，却靠着“团结一致，凝心聚力”的精神，在遭遇自然灾害时，成千上万的蚂蚁便会自动抱成一个“巨球”，以此来躲避灾害，从而求得生存。它们身上所体现出来的那种超常的“团队精神”在深深震撼着我们。

无论个人的力量多么弱小，只要能够依靠凝聚力组建成一个团队，就能够发挥出巨大的力量。

案例分享：

美国西南航空起初是一个仅有三架飞机的小公司，后来却成为美国第五大航空公司，员工近3万人，总资产达40亿美元。击败了联合

航空与大陆航空两家短程航空市场中的劲敌，还向 Delta（达美航空）与 US Airways（合众国航空）挑战。更不可思议的是，在竞争激烈，经营策略、营运成本几近透明的航空市场中，西南航空能将其成本维持在业界最低，且 26 年连续获利。很明显，西南航空在 1994 年时，以可载量座位里程为单位计算的成本约为 7.1 美分，1998 年对应为 7.3 美分；而在同期间，行业的平均成本却较西南高出 15% ~40%。而且在追求低成本的同时，西南航空并没有降低服务品质，从航班是否准点起降、旅客抱怨申诉情况，到托运行李遗失率的评比结果，它的服务品质均居领先地位。

为什么西南航空公司拥有这么强劲的竞争优势呢？就是团队精神。西南航空的团队精神产生出了惊人的生产力和竞争力：西南航空班机从抵达目的地机场，开放登机门上下旅客，至关上登机门再度准备起飞间的时间为 15 分钟。短短 15 分钟内，要更换全部的机组人员，卸下近百袋的邮包，再装上数量相近的邮包，为飞机加满 4500 千克油料。这些作业内容，大陆航空与联合航空却需要 35 分钟。

更值得一提的是，为了在最短时间内完成换班归航的工作，西南航空的飞行机组人员，不论是空中服务员还是飞行员，都会协助一起清理飞机，或在登机门处协助旅客上下飞机。1998 年，西南航空每位员工服务的旅客平均数超过 2500 人次，而联合航空与合众国航空则同业界平均水准一样，约 1000 人次。

然而更有趣的是，西南航空飞行员每月飞行平均为 70 小时，年薪只有 10 万美元，但联合、合众国及 Delta 航空公司的飞行员同样每月飞行平均为 70 小时，年薪却是 20 万美元。在工作量多，薪水又不比同业高的情况下，西南能维持良好的服务品质，且仍吸引着世界各地的英才是什么原因呢？这还得从西南航空的团队中寻找答案。西南航空内部有三项基本的经营哲学：第一，工作应该是愉快的，可以尽情享受；第二，工作是重要的，可别把它搞砸了；第三，人是很重要的，每个人都应受到尊重。这三项价值观使西南航空从上到下拥有了“以人为先”的团队。谁会否认，绝佳的工作环境，对于人才的那种强烈吸引力。

一位曾经在EDS公司①任过职的西南航空主管说，在当初跳槽时，EDS曾竭力挽留他，还开出比现有薪水高出2.5倍的条件。但他最后还是走向了西南航空。对此，他的解释很简单：因为在西南航空公司，他觉得工作很快乐。谁又能否认能够快乐的工作是非常吸引人的。

企业拥有优秀团队，竞争力是超强的。团队精神能使企业潜能发挥至极，它对企业的作用是无可取代的。正如西南航空公司的总裁赫伯·凯勒赫所说的那样：“无形资产是竞争对手最欢喜剽窃的东西，因此我最关心的就是员工的团队精神、企业的文化与价值，因为一旦丧失了这些无形资产，也就断送了可贵的竞争优势。”

① 一家美国公司。

第三部分

能量升华

第八章　能量与健康，遇见最强大的自己

唯一能够决定你能量强弱的，不是别人，而是你自己。事实上，自我提升的过程就是积极能量步步飙升的过程。实现能量突破的成功法则，从失败中走出，下一站就是成功。开启积极能量，遇见最强大的自己。

第一节　唤醒你的直觉，让身体更健康

在紧张忙碌之余，抽出一整天的时间来放松一下自己，唤醒你的直觉。比如去打高尔夫球，去爬山，完全依照自己的直觉和内心的感受来做，只要能让你觉得轻松就好。用这种方式唤醒直觉，可以让你的心情自然而快乐。

精神愉悦的时候，能量场自然会有所体现。注意力越集中，你的能量场也越纯洁。在精神活动中，直觉告诉我们，现在的环境带给我们的感觉叫作愉快，它是一种让我们喜爱的感觉。

当然，要想跳出过分沉迷于工作的怪圈，并不意味着要躲到荒凉的沙漠。只要调整心态，收拾心情，认真收回积极能量，就可以变为胜利者。

积极能量在人身体上的表现：它们能从心底散发出一股诚挚的情感，包含着宽容和支持。它们会让你从直觉上感到安全、放松，并想与之更加亲近。它们能散发出一种平和的气息。在积极能量的能量场中你会感觉良好，自己的情绪也会更加乐观。

负向能量在人身体上的表现：与之接触你会有举止失措、受到限制或攻击的感觉。让你从直觉上感到不安全、紧张或时刻处于戒备状态。你会感觉到剧烈的刺激性能量振动，对其避之唯恐不及。你的能量开始受到攻击，自我感觉不适或者罹患疾病。

案例分享：

某公司的白领小王，只要一坐下来就开始不停地打嗝，刚开始她还以为是得了肠胃病，就去药房自作主张买了很多治肠胃的药，但是服用了很多药物后都不见好转。后来，经过医生诊断，发现她由于白天工作压力过大，缺乏信心又过于忧虑，才患上了情绪诱发病。

也就是说，在我们胸腔和腹腔之间，有一个帽子形状的厚厚的肉膜，称为膈肌，它将胸腔和腹腔分割开来。和身体其他器官一样，膈肌也有神经分布和血液供给。当引起打嗝的诱因如情绪激动传给大脑以后，大脑就会发出指令，使膈肌出现阵发和痉挛性收缩，致使我们开始打嗝。

了解病理以后，小王学着乐观、自信，打嗝现象慢慢就消失了。

由此可见，我们的身体健康与心理状态是密切联系的，不良心理会让

健康大大打折，许多疾病之所以发生、发展，皆与心理因素有关，要防止疾病的发生，必须注意心理健康。不要为一些不顺心的琐事所困扰，正如孔子曰："君子终身乐而无一日之愠!"

现代生活工作的节奏日益加快，人们只有拥有健康的心理，才能够迎接工作和生活中的各种挑战。心理健康的人，总是以积极的眼光看世界，看待周围的一切。这种人通过自己的付出，增强了自我价值感。

在我们这个快节奏的世界里，信息的来源不仅丰富多彩，而且方便快捷。因特网、语音信箱等不一而足，消化这些信息是需要消耗能量的。人们总在不停地处理正向或负向的能量。把所有的事情都统一在一起，就很容易产生最终的结果。汹涌不断的信息流不停地冲击着我们，慢慢消耗着我们的能量。

解决之道：重新回到以现实为中心的状态，养成用最快的速度，以最少的能量获得相关技术的习惯，避免因此而消耗过多的能量。例如，用几个小时的时间，以散步代替办公，这段时间里，不再接收传真，不要频繁地检查你的电子信箱。看一场无聊的泡沫剧，以此代替不停地在网上刷新新闻。当你再次与现实融为一体的时候，就是你彻底放松的一刻，机智和能量也会重返你身。为了保持能量场的纯洁，你必须限制自己接收的信息量。

第二节　通过饮食、锻炼和保健来唤醒能量

饮食的问题虽然比较广泛，但其根本都与能量基础有关。通过调节饮食习惯、训练量、睡眠来形成自己的微观能量，你会感觉到身体状况明显

好转，注意力也不再分散。

超长的工作时间需要超强的身体来支撑。为了实现自己的远大理想和抱负，必须要有足够强壮的免疫系统。如果你的身体生病了，那么要做的事情当然是治疗。

1. 膳食调理

膳食调理，是利用食物的营养来构建健康。如果运用食物治疗疾病，可称为食疗。一般来说，食疗也属于膳食调理的范畴。俗话说，药补不如食补，尽管有些片面性，但也说明膳食调理早已为人们所重视。运用日常食品、根据个人不同的条件、不同的需要进行调理养生。一般比较简单易行，更能补充营养，有益健康，祛病延年，甚至还是一种美食享受。

人的生命是靠能量来维持的，人体的能量主要来自于食物。食物对于人体具有三种功能：一是满足我们的嗅觉和味觉器官对于香气和美味的欲望，同时消除人体的饥饿感；二是为我们身体的生长发育和运动提供各种营养素；三是预防疾病。吃得健康与否，不但关系到我们的身体健康，还决定着我们的生活质量和生命的延续。

食物中含有40多种人体必需的营养素，每种营养素都有独特的生理功能。人体从食物中摄入这些营养素，不仅保证自身生长发育和日常活动的基本需要，而且这些营养素对于维护人体免疫功能、抗氧化功能以及神经内分泌乃至脑功能等生命过程来说，都是必不可少的物质基础。

《黄帝内经》将中国传统饮食养生的内容归纳为四个方面：饮食养生、饮食治疗、饮食节制和饮食宜忌，或称为食养、食治、食节、食忌。饮食养生与治疗可概括为补虚与泻实两大方面：益气、养血、滋阴、助阳、填精、生津诸方面可视为补虚；解表、清热、利水、泻下、祛寒、祛风、燥

温等方面可视为泻实。

食物与药物有着同一来源，二者皆属于天然产品。食物与药物的性能相通，具有同一的形、色、气、味、质等特性。食物具有寒、热、温、凉四性和酸、苦、甘、辛、咸五味，而且各有其所主的脏腑和归经。如果食物搭配不合理，或者偏食，则有损于人体健康。《黄帝内经·素问·生气通天论》指出："谨和五味，骨正筋柔，气血以流，腠理以密，如是则骨气以精，谨道以法，长有天命。"这句话说明了五味合理搭配的重要性。

按照《黄帝内经》养生的观点，五味养五气，气和而生津液，相成乃相生，谨和五味，则人长寿，五味有偏胜，则疾病生。五味对人体而言：酸养骨，苦养气，甘养肉，辛养筋，咸养脉。故病在筋，不食酸；病在气，不食辛；病在骨，不食咸；病在血，不食苦；病在肉，不食甘。

2. 合理膳食，纠正性格偏执

我们每天所吃的食物，不仅能够提供身体所需的各种营养，还会影响人的精神状态和性格。根据科学研究，合理的饮食习惯和膳食结构能纠正人们性格上的偏执。例如，情绪不稳定的人往往是酸性食物摄入过多，从而导致缺乏维生素 B 和维生素 C 所致。下面针对一些不同性格的人给予一些饮食建议。

（1）"胡乱猜疑"者

胡乱猜疑性格的人，喜欢整天疑神疑鬼，搞得自己精神紧张、寝食不安，既有损自己的身体健康，也影响别人的正常生活，容易给周围的亲人或朋友造成伤害。具有此性格偏执的人应该多吃些诸如蛋类、鱼类、牛肉及牛奶制品等高蛋白的食物。如果能坚持每天进食此类食物，胡乱猜疑的性格缺陷就会逐渐得到改善。

（2）“顽固不化”者

顽固不化其实是一种性格偏执，拥有这种类型的人，往往不容易和周围的人和睦相处，影响工作和生活。固执性格的人应该注意少吃咸盐，多吃鱼类食物，特别要多吃生鱼片，还要适量吃些其他肉类食物，及以绿色和黄色为主的蔬菜。

（3）“消极依赖”者

消极依赖型的人缺乏独立性，耐受力差，依赖性强，不易在工作和生活上取得成功及幸福。此类人应该适当节制甜食品，比如蛋糕、甜饮料等；要多吃些含钙和维生素B族比较丰富的食物，例如小麦胚芽、大豆制品、羊肉以及鱼贝类等，这些食物有加强独立性及耐受力的作用。

（4）“见异思迁”者

具有见异思迁性格的人，一般喜欢追求新奇，对新事物特别敏感，但是往往做事虎头蛇尾，没有坚持到底的精神，因而很难有所成就。此类性格偏执的人，要尽量少吃肉类食物，应该多吃卷心菜、扁豆、辣椒、菜花、苦瓜、番茄、柠檬、柑橘、胡萝卜、田螺、牡蛎、鸡肝等食品。

（5）“暴躁易怒”者

我们常说“气大伤身”，生气既伤害自己，又伤害别人。然而偏偏有的人天生暴躁易怒，动不动就火冒三丈，喜欢争吵乃至动手打架。具有此类性格的人应该少吃零食，少摄取盐分和糖分，多吃些含B族维生素丰富的食物，如茄子、南瓜、黄花菜、豆芽、香蕉、苹果、玉米、莲藕、大蒜、油菜、土豆、鲢鱼、草鱼等，同时要多吃些含钙高的牛奶制品及贝、虾、蟹、鱼和海带等海产品。

（6）“优柔寡断”者

有的人遇事喜欢深思熟虑，但是又往往陷于优柔寡断而坐失良机。优柔寡断的性格会影响事业的成功。具有这样性格的人应建立以肉食为中心的饮食习惯，同时要特别注意多吃些含维生素 A、B 族维生素、维生素 C 丰富的水果和蔬菜等食物。

（7）“抑郁健忘”者

抑郁健忘的人，常常心情压抑、精神紧张、失眠多梦，时常处于不可名状的恐惧之中，并感到身体疲乏无力。长久如此，身心健康会受到严重的负面影响。此类人平时应该多吃一些干果和甲壳类动物肉，以及柠檬、生菜、土豆、带麦麸的面包和燕麦片等。

（8）“内向孤僻”者

内向孤僻性格的人，喜欢独处，独来独往，不善与别人言谈，不善交际，所以少有朋友。他们往往具有遇事从不求人的信念。这使得其难以与周围的人团结协作，不利于工作的顺利进行，少有成功。有这种性格的人，要多吃一些蜜糖和果汁，也可少量地饮一点酒。

（9）“粗心大意”者

粗心大意性格的人，做事往往丢三落四、虎头蛇尾，让人非常头疼。此类性格的人应避免摄入含水杨酸盐较多的食物，比如西红柿、苹果、橘子、杏子等。建议多吃含维生素 B 丰富的食物，如动物肝脏、胡萝卜、卷心菜、辣椒等，同时，可以多吃糙米及其他粗粮和含锌丰富的食物。

3. 运动养生——给心灵做有氧运动

运动养生的目的是用活动身体的方式维护健康、增强体质、延长寿命、延缓衰老。中华民族的运动养生特色是：以中医的阴阳、脏腑、气血、经络等理论为基础，以养精、练气、调神为运动的基本特点，强调意念、呼吸和躯体运动相配合的保健活动。传统的运动养生，经过历代养生家的不断总结和补充，逐渐形成了运动肢体、自我按摩以练形，呼吸吐纳、调整鼻息以练气，宁静思想、排除杂念以练意的保健方法。

运动是健康最好的投资方式之一，运动能有效地增强人体器官和系统的功能，练就强健的体魄，同时促进大脑细胞的新陈代谢，使大脑功能得到充分发挥，有效延缓大脑的衰老。每个人保持每天体育锻炼一个小时左右，就相当于给自己的未来投资。

（1）运动可以增强身体的器官和系统的功能

在进行体育锻炼时，需要动员身体的全部器官投入到工作中，尤其是神经系统要高度兴奋。因为体育锻炼需要身体完成比日常活动更为艰巨的任务，只有充分调动全部身心的机能，才能适应体育锻炼的需求。

经过长期的体育锻炼，不仅可以使人肌肉发达，运动有力，而且在神经系统的支配下，动作灵活性、速度及协调性方面也有显著增强。

适度的体育锻炼，可以增加人的体力，缓解紧张的情绪，降低胆固醇和血压，有效预防心血管疾病、糖尿病、肥胖症、骨质增生等疾病的发生。

（2）运动可以缓解大脑的疲劳

脑力劳动者由于长时间的工作、学习之后，会出现头昏脑涨、健忘失眠、思维不清等症状，这说明大脑比较疲劳，需要休息。而缓解大脑疲劳最有效的一个方法就是运动。

原因在于，运动可以提高脑血流量的31%，保证大脑细胞有充分的营养供给，从而显著改善神经系统的功能。运动可以使体内产生内啡肽，使

人精神振奋，提高工作效率，同时，内啡肽也有助于大脑皮层细胞减少不必要的不良刺激，从而有利于大脑皮层细胞功能恢复。运动是对大脑细胞的一种操练，大脑细胞最基本的功能是兴奋和抑制，体育锻炼完成的不外乎是兴奋和抑制的交替进行。所以，运动可以锻炼和加强大脑皮层的活动能力，运动可以提高整个大脑皮层的兴奋性。

（3）运动能消除人的烦恼情绪

改善情绪有许多方法，在各种方法中，运动，尤其是耗氧运动，最能消除人的烦恼情绪，因为运动不仅能达到宣泄的效果，也能改善人们身心状态，给身体带来积极的反应。医学研究已经证明，运动可以与振奋情绪的药物相媲美。

心理学家塞伊曾说过：一件坏事不是在任何时候都影响你，一般只在你情绪低落时影响你。而当人们身体状况不好时，很容易情绪低落。所以，如果你不能好好照顾自己的身体，那么就很难享受到拥有它的快乐。

前几年，法国出现了一种新兴的娱乐场所——运动消气中心。没过多久，世界各地也都出现了这种运动消气中心。这些运动消气中心无不宣称，他们能让顾客满腹怨气而来，轻松愉快而归。

这些运动消气中心的主办人大多是运动心理专家和有经验的心理咨询医生。他们会针对诸如失业、失恋、家庭矛盾等各种问题帮助人们进行情绪调节。由于心理医生的跟踪调查已经表明，运动是缓解抑郁心情的最好方法。所以，这些运动中心均有专业教练、专业心理师咨询指导。当人们来到运动消气中心后，他们会告诉来访者如何大喊大叫，甚至大哭大闹、扯毛巾、打枕头、捶沙发、摔东西、骂人等。他们甚至专门为人们设计了一种运动量颇大的消气操。有的运动消气中心上下左右都铺满了海绵或者地毯，任人摸爬滚打。

由于大多数生气的人，来这里都能够“失意而来，满意而归”，所以这一行业生意日渐兴隆。

为什么运动也能消气呢？因为我们一切的情绪都来自于身体。这就是说，身体状态佳了，我们的情绪就会好起来。而运动，恰恰能让我们的身体保持在一个良好的状态，研究发现，越是运动就越能产生精力，因为这样才能使大量的氧气进入身体，使所有的器官都活起来。

据伦敦大学的公共健康与流行病学系的研究人员对英格兰的两万名男女进行测试后发现，一个人进行运动的时间越长，就越容易心情舒畅。对一般人来说，要以中等强度的活动为主，活动时，平均心率保持在130次/分左右，运动持续时间为40~50分钟，每周锻炼5~6次，才能收到较好的运动效果。

当前，“郁闷、无聊”已经成了许多人的口头语。然而，无所事事的时候，人们宁可整天窝在家里上网、睡觉，也不愿意把这些时间花在运动上。

表面上看，无聊是因为无事可做，但从心理学角度来看，这其实是源于心理的空虚感，而运动是排解郁闷最有效的方式。一般来说，郁闷是由于人体内的生物环境发生变化、某些化学成分聚集增多而导致的，运动则能有效地排解、释放这些化学物质，使人们通过内环境的变化达到改善心境的效果。

显然，要想通过运动释放负面情绪，关键是做一些耗氧运动，比如跑步、骑自行车、快走、游泳等。这些运动，可以加快心率跳动，加速血液循环，改善身体对氧的利用。

需要注意的是，运动不是简单的流汗，而是打造健康的身体，塑造乐

观的生活态度，所以一定不能把它当作负担。

对没有运动习惯的人来说，要避免急于求成，不要一下子就去做非常剧烈的运动，而应逐渐让自己的身体适应运动节奏。否则，会让自己显得非常疲惫，影响好不容易培养起来的运动热情。

无聊郁闷时的自怨自艾显然不会让我们的情绪变好，反之，如果能给自己制订一个合适的“运动处方”，一方面可以给健康加分；另一方面也能更快地让自己充实起来，一改负面的情绪，一举多得，何乐而不为呢？

第三节　通过调整情绪修养身心

中医认为“心在志为喜”，指心的生理功能与七情中的“喜”关系密切。喜即高兴愉快的情绪，对机体的精神状态是一种良好的刺激，有益于心脏，也有益于人体身心健康。现代医学研究证明，性格开朗、精神愉快、对人生充满乐观情绪的人多能健康长寿，其心血管病的发病率也明显降低；而情绪急躁、精神抑郁、对人生充满悲观情绪的人则体弱多病，其心血管病（如冠心病、心肌梗死等）的发病率也明显升高。

善于调整情绪，使自己总是处于乐观愉快的状态，是养生保健的最好方法。而情绪过激，超过了人体所能承受的生理限度时，便成了致病因素，从而危害健康。《黄帝内经》认为：“喜伤心，恐胜喜。”情绪是人体正常的心理活动表现，只有节制情绪，才能避免伤身。

《黄帝内经》中说：喜则气和顺而志意畅达，荣卫之气通畅，所以说是气缓。“气缓”包括缓解紧张情绪和心气涣散两个方面，适度的喜能缓和紧张，使营卫通利，心情舒畅，但喜过度，超过了人体所能调节的限度，喜就成了一种致病因素，可使心气涣散，神不守舍，出现精神不能集中，甚则失神狂乱等症，严重者会因过喜而丧命。

喜乐过度，神气就会消耗涣散而不得藏蓄。突然而至的大喜事，或是为某件事长时间喜乐不停，超过了人体所能调节的限度，喜就成了一种致病因素。

人体本来是有自我保护机制的，凡事超过一定的限度就会自己作出调节。比如说，遇到高兴事，笑一会儿就不想笑了，因为再笑下去，心所损失多了就要影响心脏功能。过喜会破坏人体自身的保护机制，使心气总是处于过度的消耗中，难以得到休养生息，就会生出疾病。

所以，一定要认识到过喜的危害，以安定平静的心情对待所取得的成绩、财物、荣誉等，顺其自然。在日常生活中要避免过分激动，不但要防“气死人”，还要防“乐死人”，不要得意忘形，以免乐极生悲。

尤其是酷暑盛夏，火气旺盛，在日常生活中，要养成心平气和的性格，要善于调节心情，尤其不能大喜大悲，在任何情况下，人的情绪皆不可过度激动。

年纪大的人在精神、心理等方面，都应静心、安神，在日常生活中，要养成心平气和的性格，切不可烦躁激动。保持稳定的心理状态，一定注意不要超过正常的生理限度，以免对健康不利。

第四节　让创造性和灵感敞开你的心扉

人的潜能是无限的，现实生活中经常有这样的例子，一位父亲为救翻

车的儿子，竟然能赤手空拳将整个汽车挪开；一位母亲，为救即将从5楼坠落的孩子，竟跑得比运动员还快……

科学研究发现，人通常都存有极大的潜在力量，潜意识的力量是有意识力量的30000倍，而绝大部分正常人只运用了自身潜在能力的10%。可以这么说，每个人都有一座“潜能金矿”等待被挖掘，这就是创造性能量。

案例分享：

一位名叫史蒂文的残疾人，已经在轮椅上度过了20年的漫长时光。他觉得自己的人生已经没有了意义，于是整天借酒消愁。有一天，他从酒馆出来，照常坐轮椅回家，却碰上3个要抢他钱包的劫匪。他拼命地呐喊和反抗，却触怒了劫匪，他们竟然放火烧他的轮椅。轮椅很快就燃烧了起来，求生的欲望让史蒂文忘记了自己的双腿不能行走，他立即从轮椅上站起来，一口气跑了一条街。

事后，史蒂文说：“如果当时我不逃，就必然被烧伤，甚至被烧死。我忘了一切，一跃而起，拼命逃走。当我终于停下脚步后，才发现自己竟然能够重新走路了。”现在，史蒂文已经找到了一份工作，他身体健康，与正常人一样行走，并到处旅游。

这就是潜能，让一双20年来无法动弹的腿，竟然于危急时刻站了起来，并飞速奔跑。人们不禁要问：到底是什么因素促使史蒂文产生了这种“超能力”呢？显然，这并不仅仅是身体的本能反应，它还涉及人的内在精神在关键时刻所呈现出来的巨大爆发力。

正如著名作家柯林·威尔森所说：“在我们的潜意识中，在靠近日常生活意识的表层的地方，有一种‘过剩能量储藏箱’，存放着准备使用的能量，就好像存放在银行里个人账户中的钱一样，在我们需要使用的时候，就可以派上用场。在职场中同样如此，你需要接受更大的挑战，充分挖掘自己的潜能，通过自己的努力上升到更高的职业台阶。沿着职业发展这条主线，积极准备，通过自己的知识储备、技能储备、人脉储备，使职业金字塔的基底更加厚实，职业发展之路才会更加顺畅。”

案例分享：

安东尼·罗宾本来是一个穷困潦倒的小伙子，17 岁那年，他从家里“滚”了出来，高中还未毕业。他摆过地摊，当过餐厅服务员，跑过推销……最后在一家银行担任清洗厕所的工作，那时候他全部的家当就是一辆价值九百美元的二手旧车——“金龟车”。他只能睡在“金龟车”里面，当然他也交不起“昂贵”的停车费，所以每天晚上必须跑到便利店的门口睡觉，因为这家商店门口是 24 小时免费停车。安东尼·罗宾 26 岁时，仍然住在仅有 10 平方米的单身公寓里，碗盆也只能在浴缸里洗，生活一团糟，人际关系恶劣，前途十分暗淡。

然而自从他发现内心蕴藏着无限的潜能之后，生活便开始大为改观，成了一名充满自信的成功者。

如今，他已是一位白手起家、身家过亿的富翁，是世界第一成功导师，是世界名人、国家领导的教练。

他协助职业球队、企业总裁、国家元首激发自身潜能，渡过了各种困境及低潮。曾辅导过多位皇室的家庭成员，被前美国总统布什及克林顿，前英国王妃戴安娜聘为个人顾问；曾为众多世界名人提供咨

询，包括前南非总统曼德拉、前苏联总统戈尔巴乔夫、世界网球冠军安德烈·阿加西等。

1993 年安东尼·罗宾获评为“全球五大演说家”；1994 年获评杰出人类活动家与“布莱恩·怀特公正奖”；1995 年当选为“美国十大杰出青年”……

其实，每个人都有创造奇迹、改变命运的无限潜能，而这种创造性能量需要你向创造性和灵感敞开心扉，但大多数人只发挥了自身潜能的一小部分。因为很多时候，我们并没有将自己放在置之死地而后生的境地，没有破釜沉舟的勇气，没有那种一定要成功的强烈愿望。

如果一个人把自己逼到绝路，那么，他的人生或许会出现很大的转机。也就是说，只有斩断自己的退路，让自己置身于命运的悬崖绝壁之上，才能勇敢地向自己发出挑战，才能一往无前，才能在竞争激烈的职场中争得属于自己的一片天空，继而实现自身的价值。

第九章 学会感恩，生命能量的最高指引

学会感恩，珍惜并善待身边的每一个人。感谢伤害你的人，因为他让你变得坚强；感谢欺骗你的人，因为他让你变得慧智；感激为难你的人，因为他磨炼了你的心志；感激绊倒你的人，因为他强化了你的双腿；感激遗弃你的人，因为他教会了你独立……

第一节 将感恩注入每个人的生命

能量是一切的来源，当有了能量，就会有正面的磁场，就能吸引一切美好的事物来到你的身边。将感恩注入每个人的生命，感恩是发自内心的情感，是快乐、关心和豁达的一种升华。

早上起来的时候，你看到窗外的阳光，你会感恩；吃一块面包，你会感恩；接到朋友的电话，你会感恩；在树上看到一只鸟在唱歌，你会感恩；看到猫咪睡在你的床头，你会感恩；然后你的一天乃至你的一生，就

在这爱和感恩的心情中度过，那你还有什么不幸福的呢？

很多时候我们认为现在所拥有的一切都是理所应当的，是天经地义的。但其实并非如此。人生在世，应该多感谢身边的人和事，不应认为事情是理所当然的。感恩是一种利人利己的责任，对自己的责任、对亲人的责任、对他人的责任、对公司的责任、对社会的责任。只有将责任铭记于心，才能得到别人的信任。

案例分享：

在美国，每年11月的最后一个星期四是感恩节。感恩节是美国人民独创的一个古老节日，也是美国人合家欢聚的节日，因此美国人提起感恩节总是倍感亲切。感恩节的由来要可以一直追溯到美国历史的发端。1620年，著名的“五月花”号船满载不堪忍受英国国内宗教迫害的102名清教徒到达美洲。

1620年和1621年之交的这个冬天，他们遇到了难以想象的困难，处在饥寒交迫之中。冬天过去时，活过来的移民只有50来人了。这时，心地善良的印第安人给移民送来了生活必需品，还特地派人教他们怎样狩猎、捕鱼和种植玉米和南瓜。在印第安人的帮助下，移民们终于获得了丰收，在欢庆丰收的日子，按照宗教传统习俗，移民规定了感谢上帝的日子，并决定为感谢印第安人的真诚，邀请他们一同庆祝节日。

在第一个感恩节的这一天，印第安人和移民欢聚一堂，他们在黎明时鸣放礼炮，列队走进一间用作教堂的屋子，虔诚地向上帝表达谢意，然后点起篝火举行盛大宴会。第二天和第三天又举行了摔跤、赛跑、唱歌、跳舞等活动。第一个感恩节非常成功。其中许多庆祝方式已流传了300多年，一直保留到今天。

感恩是对生命恩赐的领略，感恩是对生存状态的释然，感恩是对现在拥有的在意，感恩是对有限生命的珍惜，感恩是对赐予我们生命的人的牵挂，感恩是对陌路关爱的震颤……

世界五百强企业松下集团的前董事长松下幸之助，每天都有一项重要的工作——给员工倒茶。他感恩自己的员工，尊重他们的劳动，于是他拥有无数敬业乐业、拼搏进取的好员工。

前美国总统里根曾在白宫的办公桌上写下一句话：只问耕耘，不问收获。没有做不了的事儿，也没有到不了的地方。感恩是积极向上的思考和谦卑的态度，它是自发性的行为。当一个人懂得感恩时，便会将感恩化作一种充满爱意的行动，实践于生活中。感恩不是简单的报恩，它是一种责任、自立、自尊和追求一种阳光人生的精神境界！感恩是一种处世哲学，感恩是一种生活智慧，感恩是学会做人，感恩是成就阳光人生的支点。

心态改变，态度就跟着改变；态度改变，习惯就跟着改变；习惯改变，性格就跟着改变；性格改变，人生就跟着改变。用感恩的心改变我们的态度，用诚恳的态度带动我们的习惯，让良好的习惯升华我们的性格，让健康的性格收获我们幸福的人生。

学会感恩而非抱怨指责是成功的起点、吸引力的源泉。感恩是一份美好感情，是一种健康心态，是一种良知，是一种动力。人有了感恩之情，生命就会得到滋润，并时时闪烁着纯净的光芒。永怀感恩之心，常表感激之情，原谅那些伤害过自己的人，人生就会充实而快乐。感恩父母的养

育，感恩大自然的恩赐，感恩食之香甜，感恩衣之温暖，感恩花草鱼虫，感恩苦难逆境，感恩自己的对手……正是他们存在，才铸就了自己成功。

心存感恩，知足惜福，人与人，人与自然，人与社会才会变得如此的和谐和亲切，我们自身也会因此变得愉快而又健康。常言说：“施恩于人共分享，送人玫瑰，手留余香。”人生在世，要学会分享、给予，养成互爱互助行为，给予越多，人生就越丰富；奉献越多，生命才更有意义。一个懂得感恩并知恩图报的人，才是天底下最富有的人。

感激养育你的人，因为他给予了你的生命；感激教育你的人，因为他丰富了你的心灵；感激关爱你的人，因为他教会了你的付出；感激启迪你的人，因为他提升了你的智慧；感激伤害你的人，因为他磨炼了你的意志；感激欺骗你的人，因为他唤醒了你的良知；感激折磨你的人，因为他锻炼了你的毅力；感激放弃你的人，因为他磨砺了你的独立；感激打击你的人，因为他强化了你的能力；感激批评你的人，因为他拓宽了你的心胸。

感激你的客户，因为他们是你的衣食父母；感激你的同事，因为他们是你的亲密战友；感激你的下属，因为他们是你的绩效伙伴；感激你的对手，因为他们是你的动力之源。

如果你今天要让生命变得很有吸引力，要懂得感恩。当你报怨、难过的时候，请你立刻把状态指向感恩状态。世界因感恩变得美丽，人类因感恩变得伟大。感恩是一种生活态度，感恩是一种美德，是建设和谐社会的必要基础。

对父母的爱，对情侣的爱，对子女的爱，对事业的爱，对团队的爱，对故乡的爱，对国家的爱，等等。正是因为这种感情普遍到人人都有，所以爱也需要修炼。有没有超凡脱俗的爱呢？当然有，这种爱叫真爱，或者大爱。这种爱是发自内心的，是不求回报的，是没有功利目的的。父母对子女的爱叫真爱，能够为亲人以外的人牺牲自己的人，心中有大爱！

销售就是销售自己的人格和魅力，修炼自己的境界高度和格局，懂得爱和感恩，做好自己，才会有好的业绩。每个销售者都应该修养自己，让客户接受你、喜欢你，购买你的产品。

第二节　感恩不公，激发自我生命能量

世界上没有绝对的公平，我们的一生，总会遇到各种各样的不公，即使今天没有遇到，将来也可能会遇到。有的人在遇到不公平的时候只知道抱怨，却从来没有想过自己是否为改变这种处境努力奋斗过。

要想得到理想中的公平，唯一的办法就是激发自我的生命能量，用自己的进取去创造公平。

不断进取，是不满足现状、积极向上的行为表现。进取心是一种向上的力量，它是每一种生物体所具有的本能，是一种生命能量，存在于每个人的体内，推动每一个人不断完善自我，勇敢追求。

世界顶尖潜能大师安东尼·罗宾说过："并非大多数人命里注定不能成为爱因斯坦，任何一个平凡的人，只要发挥出足够的潜能，都可以成就一番惊天动地的伟业。"爱因斯坦成功的秘诀，并不在于他的大脑内部与其他人有多么不同，用他自己的一句话总结就是："成功在于超越平常人的进取精神，以及为科学事业忘我牺牲的精神。"

大多数成功者，往往是那些无论身处怎样艰苦、不公平的环境中，都

拥有强烈进取心的人。他们凭借奋进拼搏的精神，最大限度地开发了自己的潜能，将工作做得比其他人更加出色。

曾有人想了解比尔·盖茨是如何获得成功的。比尔·盖茨的回答是："工作勤奋，我对自己要求很苛刻。"实际上，他每天都废寝忘食地工作。他每天上午大约9点钟来到办公室，之后就一直待到深夜，除了吃饭时休息一小会儿，始终处于工作状态。

所以，不公平是客观存在的，而努力才是最重要的。因为不公平而抱怨的人，只会让自己的情绪越来越负面。而那些能够在不公平中迎难而上的人，则会为自己创造一个美好的未来。

我们不要停留在某个时间段无休止的抱怨，而应朝着自己的人生目标，努力前进。当有了这种动力，一切的不公平只是你生活中的一些小插曲。将这些不公平换种角度看，也极有可能成为你回味的一道道风景线。

感恩是一种对恩惠心存感激的表示，是每一位不忘他人恩情的人萦绕心间的情感，是一种生活态度。要知道，我们生活在这个五彩缤纷的世界上，许多事物都对我们有着一定的恩情。

曾有专家说："如果在你的生命中唯一的祷词是'谢谢'，那就足够了。"感恩就意味着感激，意味着历数你所有的幸福，意味着留意你简单的快乐，也意味着答谢你接受的一切。它使人们更加健康，它还能减少人们的压力，对提高人们的生活质量有很大帮助。

美国得克萨斯州的两位心理学家做了"感恩"对于健康的实验，并由此写了一篇论文。在实验中，科学家把数百人分成三个不同的组，并要求所有参加实验的人每天写日记。

第一组人的日记，记录的是每天发生的事情，并没有特别要求是写好事，还是坏事；第二组人被要求记录下不愉快的经历；第三组人被要求在日记中列出一天中所有让他们觉得值得感恩的事情。

研究结果表明，每天的感恩练习使人们更加警觉、更加热情、更加果断、更加乐观和更加精神。另外，第三组的人们很少能感到沮丧和压力，他们更愿意帮助他人，并且在对人生目标的追求上取得了更大进步。

艾莫斯博士从事感恩方面的研究近十年，被普遍认为是该领域的权威。他写了一本书，叫《多谢！感恩新科学如何使你更快乐》。这本书中的信息源自于一个研究，这个研究有数千人参加，其中包括世界各地的研究人员。

研究成果之一是证明感恩可以提升人们25%的幸福感。如果整天发生的都是不好的事情，人的幸福感会直线下降，但是之后它还会回到人们预先设定的点上。如果有积极的事情发生，人的幸福感则会上升，然后会再次回到你的“幸福预设点”上。感恩训练可以提高“幸福预设点”，这样，无论外界环境怎样，人们都可以保持一个较高的幸福感知度。

另外，艾莫斯博士的研究还发现，经常心怀感恩的人，比起不懂得感恩的人具有更高的创造能力、更快的恢复能力、更强壮的免疫系统和更广泛的社会关系。博士进一步指出：“说我们心怀感恩，并不一定是说我们生活中的每件事都很好，它只是表明我们意识到我们的幸福。”

案例分享：

在一个闹饥荒的城市，一个家境殷实且心地善良的面包师把城里最穷的几十个孩子聚集到一起，然后拿出一个盛有面包的篮子，对他们说：“这个篮子里的面包你们一人一个。在上帝带来好光景以前，

你们每天都可以来拿一个面包。”

瞬间，这些饥饿的孩子们一窝蜂地拥了上来，他们围着篮子推来挤去大声叫嚷着，谁都想拿到最大的面包。当他们每人都拿到面包后，竟没有一个人向这位好心的面包师说声谢谢，除了一个叫依娃的小女孩。

她既没有同大家一起吵闹，也没有与其他人争抢。她只是谦让地站在一边，等别的孩子都拿到以后，才把剩在篮子里的最小的一个面包拿起来。她并没有急于离去，而是向面包师表示了感谢，并亲吻了面包师的手之后才向家走去。

第二天，面包师又把盛面包的篮子放到孩子们面前。其他孩子依旧如昨日一样疯抢着，羞怯、可怜的依娃只得到一个比昨天还小一半的面包。当她回家以后，妈妈切开面包，许多崭新、发亮的银币掉了出来。

妈妈惊奇地叫道：“快把钱送回去，一定是面包师揉面的时候不小心揉进去的。”当依娃把妈妈的话告诉面包师的时候，面包师慈爱地说：“不，我的孩子，这没有错，是我把银币放进小面包里的，我要奖励你，愿你永远保持一颗感恩的心。回家去吧，告诉妈妈这些钱是你的了。”她激动地跑回了家，告诉妈妈这个令人兴奋的消息，这是她的感恩之心得到的回报。

感恩是一种处世哲学，是生活中的大智慧。人生在世，不可能一帆风顺，种种失败、无奈都需要我们勇敢地面对、豁达地处理。这时，是一味地埋怨生活，从此变得消沉、萎靡不振，还是对生活满怀感恩，跌倒了再爬起来?

英国作家萨克雷说:“生活就是一面镜子,你笑,它也笑;你哭,它也哭。”学会感恩,我们会拥有比别人更多的快乐。不但生活幸福感会上升,即使面对挫折失败,也能从中汲取前进的力量。感恩生活,将会得到生活赐予的灿烂阳光;不感恩生活,只是一味地怨天尤人,最终可能一无所有。所以,我们要学会感恩,乐观地对待生活。

第三节　成功从感恩开始,用感恩的心接受结果

孟子曾经说过:“君子莫大乎与人为善。”心怀感恩、善待生命是人们在寻求成功的过程中应该遵守的一条基本准则。成功从感恩开始,用感恩的心接受结果。心要靠心来交换,感恩换来的永远是阳光心态。

一颗慈善、感恩的心,不仅可以制止或改变了一种行为,更重要的是可以感化人的灵魂。古人云:“己所不欲,勿施于人。”这是做人的起码准则。今天我们提倡“赠人玫瑰,手有余香”的助人理念,就是要做对社会有用、对他人有用的人。这样我们才会生活得更加快乐幸福。

案例分享:

北京一家房地产老板,为了给一个生命垂危的员工治病,放弃了即将到手的巨额合同,使公司险些破产。员工们得知真相后,说:“为这样的老板打工,值!”于是他们纷纷回到公司,以比平时多十倍的干劲儿努力工作,最终使公司转危为安。

凭着良好的名声,以前那些与他解除合同的客户也纷纷要求与其

重新签订合同，公司的生意因此日益兴隆。这就是好人有好报的最好证明。

研究表明，人的心理活动和生理功能之间存在着密切联系。感恩、善良的心态可以使生理功能处于最佳状态，反之则会降低或破坏某种功能，引发各种疾病。美国耶鲁大学病理学家对7000多人进行跟踪调查，结果表明，凡心怀感恩、与人为善的人死亡率明显较低。

鏖战商场，更需要与人为善来开道。尽管商业竞争残酷无情，但是有时也需要表现出一种真挚的温情。有的领导者会欣赏一个商业上的朋友，并真心想帮助他做一件实事，这是对以前接受他的帮助的回报。所以请你在别人遇到困境时，热情地伸出援助之手。

在职场上，尽可能地做一个与人为善的好人，这样，当你在工作上不小心出现纰漏，或当你面临加薪或升职的关键时刻，才会更大程度地减少别人放冷箭的危险。在工作中，有的人常把他人为自己办的事和自己为他人所做的事记录下来，以便有机会“扯平”。这样做其实是很不明智的，如果为别人做好事，只是为了以后的偿还，那么反而会令他人觉得你帮助别人都是别有用心。

心怀感恩、与人为善并不是为了得到回报，而是为了让自己活得更快乐。与人为善其实极易做到，它并不需要你刻意做，只要有一颗平常心就足矣。

日常工作和生活中，每个人都想丰富自己的生活，实现自己的人生价值。而这所有的一切，归根结底，都来自于你是否心怀感恩、善待他人。心怀感恩、与人为善不仅给你财富，还使你拥有被他人喜爱的充实感。

心怀感恩、与人为善是做人的一种积极心态，这种心态可以为你创造一个宽松和谐的人际环境，使你有一个发展个性和创造力的自由天地，并享受到一种施惠于人的快乐，从而有助于个人的身心健康。

有机会给予别人一些东西，无论怎样微不足道，对别人来说都是慷慨的馈赠，而你也会得到真诚的感激和酬谢，“无心插柳柳成荫”。而一味地贪图回报，则可能“有心栽花花不发”，收到的是无端的怀疑和必然的冷落。

善心如水，助人的行动比祈祷的双唇更神圣。

案例分享：

离市区最远的琳门山一向以贫穷偏僻而著称，近年来随着旅游热，竟有来自远方的大小车辆不断光顾。

琳门山下住着一位心地善良的老人。老人有一口井，据说打到了泉眼上，因而不仅水量充裕，而且特别清澈、甘甜，冬天还可以洗脚治脚病。于是，不仅山下的村里人前来担水，就连那些前来旅游的人们也都拥到老人的井旁，痛快地喝着井水。有不少旅游的人临走时用大壶小桶装得满满的，有的说带回去给家里人尝尝，有的说回去试试是否能治好自己的脚病。

老人没想到自己的一口井竟得到那么多见过大世面的城里人赞美，心里美滋滋的，嘴里不断地说着：“这里也没啥稀罕东西，好喝，就多喝点儿。这井水喝不坏肚子，愿意喝，管够你们。”

看到老人如此慷慨，很多游客就把身上带的好吃的、好喝的，争着、抢着往老人手里塞，说让老人品尝他没吃过的高级营养品。老人

推让不掉，急忙把自己家的土特产往游客们口袋里塞。

山下的人劝老人卖水挣钱，老人回答说："能让人们喝到甜水是我最大的心愿。"原来，老人在20世纪60年代是乡里修水库的人，一辈子修渠挖水的他最大的心愿就是给山下的村里人打一口甜水井，让他们不再为吃水发愁。

有一次，旅游的人中有一位省扶贫办主任。当他喝了老人的水，了解到老人的经历和心愿后，被深深感动了。回去后，他便到市里调查。后来，那位扶贫办主任又把打井的款项批下来。一年后，村里人都喝上了清凉的甜水。老人高兴地逢人就说实现了自己一辈子的愿望，这比什么都让他高兴。

当人的心灵被爱浇灌后，它所飘逸出来的只会是人性的芬芳。善心如水，多给他人一些滋润，自己也必将得到爱的滋润。

第四节　带着感恩的心去工作

在职场中，当你以一种感恩的心态去工作时，你会工作得更愉快、更有效率！感恩是一种积极的能量，感恩如同阳光一样，能够给我们带来温暖。不管我们从事什么工作，不管我们是社会哪个阶层的人，不管我们是贫穷还是富有，只要长存一颗感恩之心，我们就会拥有一切美好的处世品格。自然而然地，我们的生活中便会出现一处又一处动人的风景。

曾有哲人说："人生最美丽的补偿之一，就是人们在真诚地帮助别人之后，也帮助了自己。"所以，我们应该伸出自己的手去帮助别人，而不是伸出脚去试图绊倒他们。职场中也是如此，当你以一种感恩的心态去工作时，你会更愉快。

案例分享：

苏鹊是某知名广告公司的一名设计师，有一次被公司总部安排前往德国工作。与国内轻松、自由的工作氛围相比，德国的工作环境显得紧张、严肃并有紧迫感，这让苏鹊很不适应。

苏鹊向上司抱怨这边简直糟透了，我就像一条放在死海里的鱼，连呼吸都很困难。上司是一位在德国工作多年的中国人，苏鹊的心情，他完全能够理解。

“我教你一个简单的方法，每天至少说20遍‘我很感激’或者‘谢谢你’，记住，要面带微笑，要发自内心。”

苏鹊抱着试试看的态度，一开始觉得很别扭。可是几天下来，苏鹊觉得周围的同事似乎友善了许多。而且她说“谢谢你”也越来越自然，因为感激已经像种子一样在她心里悄悄发芽生根。

渐渐地，苏鹊发现周围的环境并不像自己想象中的那样糟糕了。

到后来，苏鹊发现在德国工作是一件既能磨炼人，又让人感到愉快的事情，是感恩的态度改变了这一切！

感恩是一种积极的心态，当你微笑而真诚地说出“谢谢你”“我很感激”这些话之后，你就已经在自己和别人的心里种下了感恩的种子，这是比任何物质奖励都宝贵的礼物。

感恩会让我们更加具有敬业精神。带着感恩的心去工作，你就会懂得，工作不光是我们谋生的手段，更是我们成长和实现自我价值的一个平

台。没有了这个平台，我们的能力就无从体现，因此我们也会更加努力地去工作。

感恩会让员工和老板之间的关系变得真诚。员工真诚地感恩公司的培养，老板真诚地感恩员工的付出，员工与老板之间的配合就会默契，雇用与被雇用的关系就会变成朋友之间真诚的合作关系。

感恩会让我们拥有良好的人际关系。一个一辈子不犯错误的员工不是好员工，一个第二次犯同样错误的员工仍然可能是个好员工。感恩会让我们变得宽容，与同事相处和谐，会让我们拥有良好的人际关系。

感恩是一种处世哲学，是生活中的大智慧。无论是在生活中还是在职场中，我们都应该时刻怀抱着一颗感恩的心，这是一种向上的力量，会使我们一步步地走向卓越和成功。而且我们不应该只对给过我们关心、帮助和掌声的人怀有感恩之心，对那些伤害过我们的人，我们也应该学会感恩，正是由于他们的存在，才让我们对这个世界有了一个更深刻的认识，我们不仅要学会用一颗感恩的心去体味真情，更要学会用一颗感恩的心去驱逐伤害。

第五节　感恩父母，感恩亲情

天下做儿女的，可以忘记周遭的一切，却永远不能忽略了亲情。感恩父母，感恩亲情，父母亲情是永恒不变的人间至爱。生活中，不管是失意，还是绝望的时候，都不要忘记身边有父母的关爱。尽管有可能他们不能点拨你什么，但他们慈爱的目光是可以停泊的港湾，是力量，是希望。

父母对子女的爱有多种方式，无论哪一种都是为了鼓舞子女去行那风雨长路，勇敢地去走那山一重，水一重。

案例分享：

被评为湖北省“跨世纪人才”的顾豪爽，就是被父母“骂”出来的教授。

顾豪爽出身于农民家庭，从小父母就对他非常关爱，对他的学习也很重视。考高中时，榜上有名的他却怎么也高兴不起来。因为母亲长年卧病在床，家中4个弟弟妹妹也要读书，只靠父亲一个人劳动挣工分实在难以维持。作为长子的他想分担父亲肩头的重担，于是，他找到父亲，说想辍学帮助家里干农活。

谁知父亲听后大骂：“你这个不争气的东西！爹妈累死累活图个啥！不就为了让你们活得有出息吗？都像我们这样一个字不识，子子孙孙怎么成才？家里的事你不用管，快滚到学校去报名。”

母亲也说：“学习上，我和你父亲帮不了你，但我们就是船，再苦再累也要把你们兄妹几个渡到河对岸。”顾豪爽没想到自己弃学会惹得父亲大发脾气，看到父母为自己上学付出如此大的代价，他觉得如果不好好学习就太对不起父母了。高中期间，顾豪爽埋头苦学，每年成绩总是名列前茅。

全国恢复高考后，顾豪爽由于书本丢的时间太长，落榜了。

1978年8月，顾豪爽第二次参加高考，被武汉师范学院物理系录取了。这时，他已在队里跑船，减轻了家里许多负担。他想父亲日渐年迈，弟妹还未长大，我这一走，家里怎么办？

看到他犹豫不决，父母亲又像以前上高中时一样，把顾豪爽

"骂"出了门。

父亲说："我不指望你挣工分养活家里，我千辛万苦就是为了培养有出息的孩子。你这样丢西瓜捡芝麻配当顶天立地的男子汉吗？"母亲也说："我生下你们就会想办法养活你们，你只管放心读书，不准逃学！"父母的一番话说得顾豪爽哑口无言。

在大学里，顾豪爽十分珍惜这来之不易的学习机会。生活虽然清苦，但他学习成绩却是名列前茅。1982 年，顾豪爽留校任教；1985 年，他又考取研究生；1993 年，他考入华中理工大学攻读博士学位，后来他成为湖北大学物理与电子技术学院院长、教授。

顾豪爽的父母含辛茹苦，以他们独特的爱为儿子开辟了成才的道路。顾豪爽日后提起父母苦撑苦熬支持他读书的事情时总会激动得落泪，他说："父母是最可敬的佛。在我的一生中，是父母对我的支持、关爱伴随着我走向成功，我将永世不忘他们的恩德。"

百善孝为先。乌鸦反哺，驼羔跪乳，世间最美的图景莫过于此。山悠悠，水悠悠，纵是儿女远隔万水千山，父母最牵挂和关心的都是子女。把父母当成我们心中最可敬重的佛，我们才能心怀感恩，及时尽孝；心静神宁，宽以处世；心无旁骛，专注前行，做一个令父母欣慰开颜的自己！

施恩布善最基本的准则就是要善待自己的父母，孝敬自己的双亲，虽然父母不图回报，但那种伟大的爱是我们今生今世难以报答的。

案例分享：

琳上中学的时候，父亲去世了。她怕母亲承受不了重大的打击，每天放学后都会把同学领回家做作业，让家中热闹一些，让母亲不再生活在伤悲的气氛中。母亲在她的眼光里读出了关切，每天上学时总是慈祥地摸摸她的头，让她好好学习，不用为自己担心。

有一次，她放学回家听到屋里有母亲的笑声，这久违的笑是妈妈自父亲走后半年也没有过的。她推开房门，发现家属院的医生王叔叔正帮母亲换煤气罐。这时，琳看见母亲的脸上闪烁着动人的美丽。

不知道为什么，她不愿母亲的美丽在不是父亲的男人面前流露，更不愿母亲把爱分给别人。她的脸马上沉了下来，故意大声说话打断母亲的笑声，后来，又翻箱倒柜地折腾，为的是将王叔叔赶走。

那时，她开始担心，担心母亲会为她领一个继父回家，她不想要继父。她认为，母亲只爱她一个人是应该的，有她全部的爱对母亲来说也就足够了。

后来，每当王叔叔来时，她总是冷着脸，把电视音量开到最大，并用力地摔门，想方设法表示自己的反感。这样不算，她还从老家搬来奶奶当救兵。

奶奶直接反对母亲与王叔叔交往，并提出如果母亲改嫁，就把孙女带回老家。

母亲流泪了，她怎么舍得她生养的女儿离开她，从此家中再也没有出现过王叔叔的身影。琳暗自庆幸终于取得了胜利。

她日甚一日地美丽起来，而母亲却不可避免地衰老下去。

琳大学毕业后有了自己的家庭。远在外地军营的丈夫回不来，双胞胎的儿女都是母亲帮她带大。不知不觉，岁月流逝，当爱人转业回来，她享受着一家人的欢乐时，却发现已经驼背的母亲在自己的房间里显得那么孤独。她想，这辈子一定要好好报答母亲。

琳的儿女长大去外地读大学了，她自己也到离家很近的单位上班，母亲再不用起早做饭了。琳一心想让母亲安度晚年，星期天便和丈夫陪母亲去旅游，让她散心。在旅游中，母亲竟见到了已搬离小区，由儿子陪伴的王叔叔。他早已头发花白，但母亲的眼里却有一种幸福的感觉，那是琳这么多年从来没见过的。

忽然，她意识到这么多年自己是多么残酷地剥夺着母亲的青春和美丽，剥夺着母亲爱与被爱的权力。

旅游回来后，她一夜未眠。第二天，她坐上公交车，从城东赶到城西，主动找到还是单身的王叔叔，向他认错，并为母亲牵线搭桥。终于，母亲有了自己的感情依靠，有了个温暖的家。琳也悔恨自己为什么直到为人母时才能真正理解母亲。

一片孝心动天下！天下做儿女的，趁父母健在，善待他们吧，不仅是在物质上，更要在精神和情感上关心他们。在父母能够言爱的时候，一定不要阻止他们的情感，在他们能够享乐的光阴中为他们储藏欢乐与美好，让他们的心灵有一个可以寄托的家园，让操劳一生的父母幸福地安度晚年。这样，善良的初衷才能变为恰当的孝道。

第六节　广施善缘，为别人点一盏明灯

黑暗中，为他人照亮道路并不是一件容易的事，有时需要自己付出很大的代价。当人人都学会为别人点一盏灯，许多人在一起就会有无数光芒，我们的路才会越走越宽，越走越平坦。

案例分享：

有一个人手提灯笼走在夜晚漆黑的街道上，天上没有月亮。突然，他迎面遇到了一个朋友，这个朋友马上就认出了他——盲人古诺。于是朋友对他说："古诺，你的眼睛又看不见东西，为什么提着灯笼走路呀?"盲人回答说："我知道这里的夜路很黑，我打着灯笼不仅是为了让其他人能看清他们要走的路，也不至于撞到我呀。"

光明对于盲人而言无疑是重要的，但他提着灯笼不只是为了给自己照路，却是将光明带给别人。如果所有的人都点亮一盏灯，在为自己照明的同时也让其他人看见光明，那么整个世界将充满温暖和友善。

案例分享：

洛杉矶加州大学篮球队的著名教练约翰·伍登告诉自己的队员，在每次他们得分后，都要向传球给他们的队友示以微笑或点头，以此感谢队友的关爱。

有一个队员就问伍登："要是对方没有望过来该怎么办呢?"伍登说："别担心，我已告诉所有队员这么做了。为别人献一点爱心，我们的胜利才会多于失败。如果你传给对方球后，我保证他会向你微笑或点头。"

学会感恩就是给别人点一盏灯，它不但会给对方带来温暖的慰藉，也会鼓励对方更加支持自己走向成功。

案例分享：

有一位师范学校毕业的学生被分配到山村教学。他来到这个山村

的第四个年头，忽然有一天山洪暴发，冲毁了原来曲曲折折的山路。他急得不得了，因为刚结婚不到一个月，如今交通一断，新婚的妻子和年迈的父母不知会怎样为他担心。

正当他急得团团转的时候，房门被推开了。院子里站了十几位学生家长和十几位学生，每个人手里都提着一盏灯笼。为首的那个人说：“老师，我们送你回家。我们知道山上还有另一条路可走。”他喜出望外，跟在那些人后面走出房门。

天很快就黑下来了，在灯光下，他发现路上满是荆棘，其实根本就没有路。他疑惑地问他前面的一个人。那人告诉他，等他们走一个来回，没有路的地方也就有了路。就在他正要详细问时，那人一不小心跌落山崖，他顺手接住了那人手里的灯笼，大喊大叫着要去救他，被众人拉住。

最后，当他们走出山外时，他没有回家又返了回来。因为他终于明白了每一次山洪暴发冲坏山民们的路后，按照村里的规定，村中人必须轮流去踩路。虽然踩路的人中很可能会有去无回，但所有的人没有一个推托，因为他们用生命为别人踩出了一条路。

若干年后，当他的学生陆续考上大学飞向国外时，当村中每一个人都恭敬地称他为老师时，他总是送给每个学生一盏灯笼，说：“不要忘记每一个踩路人，没有他们，就不会有我们的今天。愿你们也做踩路人吧，走出大山，走向大山外面的世界。”

点灯是为了看路，灯照亮了黑暗，同时也照亮了人心。人间有爱是一种温暖，当我们每个人都懂得为别人点一盏灯，那么，这个世界必如天堂一般光明。

第十章　建立积极的人际关系，助力事业成长

在好莱坞，流行这样一句话："一个人能否成功，不在于你知道什么，而是在于你认识谁。"想想世界上那些成功人士，他们哪个不是人脉广泛呢？不光是成功人士需要人脉，对每个人来说人脉都是不可或缺的。

第一节　吸引积极的人，创造积极的环境

在人脉交往中，人们往往只局限在浅层的宴会、唱歌、洗浴中心这些玩乐上的交流。虽然这些物质享受层面上的交往也可能满足人们的需求、使人们感到愉快，但是这种朋友关系也往往被止于酒肉朋友的层次，建立不起更长久的友谊。而为了使人脉的层次上升，则必须加以精神层面上的交流，只有精神层面的共鸣才能成为真正的朋友。

如果你是一个充满积极能量的人，一定会吸引到积极的人，创造积极

的环境，而不是天天围着一帮子酒肉朋友。酒肉朋友是人际交往中最常遇到的，能共安乐而无法共患难。酒肉朋友不是真正的朋友，酒肉朋友也只能是最低层次的人际交往。

众所周知，要想获得事业上的成功，必须具有很强的人脉竞争力。因此，我们往往会看到一个人专业上无敌，但不善于与人交际，结果做着与自己能力不相称的工作。若有人脉相助的话，这个人的竞争力将是不可限量的。

出生于非富即贵的家庭中是可遇而不可求的，大多数人都生于平凡家庭，没有办法在站上起跑线的时候便能结识显贵、富豪，有的甚至极少能遇到与自己志趣相投，对自己未来事业有助益的朋友。那怎么办呢?

很多人因此就陷于整日的抱怨之中，为自己的不成功找借口。其实，无论你如何发泄都无法改变这个生而不平等的事实，但依然有机会让你扭转命运，就是吸引积极的人，创造积极的环境，编织你的人脉网络。

哈佛大学曾对贝尔实验室顶尖研究员做了调查，来确认人脉网络对一个人的成就的重要性。调查发现，被大家认同的杰出人才，重点不在专业能力上，而是那些杰出人才会采用不同的人际策略。这些人会多花时间与那些在关键时刻可能对自己有帮助的人培养良好的关系，在面临问题或危机时便更容易化险为夷。

案例分享：

联合国秘书长潘基文自小受着良好的教育，但在他20岁时家道中落，需要他挣钱补贴家用。这时他遇到了人生第一次重要选择，是去美国还是去印度做外交官？潘基文自然是心里向往美国那个世界的中心，能去见见世面也好，但考虑到消费水平高，很难攒下钱来，只好选择了发展中的印度。

潘基文到任后，并未因为印度不是心中所想的地方而失意，而是认真投入到了工作之中，很快便以自己的才华吸引了韩国驻印度总领事卢信永的注意。卢信永发现这个小伙子谈吐不俗，心思缜密，办事沉稳，很多棘手的问题到了他手里都会迎刃而解。

潘基文也愿意向这个有极其丰富外交经验的领导取经，他也意识到卢信永将会对自己的外交生涯产生重大的影响，于是更加卖力气地四处奔波，把领事馆的各项事务打理得井井有条。后来，卢信永担任了韩国国务总理，他首先想到的是十几年前在印度一起共过事的那个小伙子，立即把他推荐到了总理府工作，后来更破格提拔他担任了总理礼宾秘书、理事官。潘基文的职务像坐了直升机一样，他最后如愿当上了联合国秘书长。

潘基文是有才华的，但如果没有卢信永这个伯乐，很可能就会被埋没。但我们也可以看到，潘基文受到重用的过程不是被动地等待着被发现，而是靠自己的实力积极主动地去争取，创造出自己的人脉。

很多人都有这样的想法，就是一旦有人给我机会，我一定能大显身手，甚至做得更好。但遗憾的是，你就是得不到可以做出业绩的机会，可以说在起跑线上就输了。

有些人虽然本事一般，但因为一次机会，便开始了自己事业接二连三的连锁反应，虽然比自己有才华有潜力的人比比皆是，但就是能够在众人羡慕、嫉妒的目光下节节高升。道理很简单，就是有些人总是把时间用在

苦练内功上，却不考虑构筑人脉的方法。等待机遇早晚会落到自己头上的想法，可能是源于中国传统思想里，觉得低调、谦虚、被人发现得来的荣誉更尊贵，但这种谦虚在当今社会显然已经不适用了。

第二节　用热情引爆人际吸引力

热情是一种强劲的激动情绪，一种对人、事、物和信仰的强烈情感。热情会给你的工作带来最好的生产力，同时会使你的生活洋溢出浪漫、温馨的气息。一个人可以没有金钱，但他绝对不能没有精神；一个人可以没有权势，也可以没有丰富的财富，但他不能没有生活的热情。美国文学家爱默生曾写道："人要是没有热情是干不成大事业的。"大诗人乌尔曼也说过："年年岁岁只在你的额头上留下皱纹，但如果你在生活中缺少热情，你的心灵就将布满皱纹。"

成就事业就像打井一样，如果三天两头换井来打，地上便总是深深浅浅的洞，却不见清泉涌出。每一件事都要有量的积累，很多人做事都是三分钟热血，所以很难成功。只有像凸透镜一样将所有的力量，持续聚焦在一个点上才能燃烧，而能够激发持续动力的非热情莫属。

一个对工作缺乏热情的人，一定是一个无精打采的人，即使所有的机会都来到身边，他也会稀里糊涂地把它们丧失殆尽。这样的人，人生的目标只是过一天算一天，他们不断地抱怨环境、抱怨同事、抱怨工作，在工作中不思进取，在生活中不求上进，不由得陷入职业的困境中。

要想摆脱这样的困境，唯一的办法就是唤起自己的工作热情，带着热情和信心去工作。一个充满工作热情的人，会保持高度的自觉，把全身的每一个细胞都调动起来，快乐地工作，愉悦地与同事相处。

如果两个人各方面条件都相近，那么，更热情的那一位一定能更快达到成功。一个能力平庸，但是很热情的人，往往会胜过能力出众却缺乏热情的人。一方面，他的热情能弥补能力不足；另一方面，只要有热情，他一定会努力工作、勤奋学习，从而提高自己的能力。

热情是发自内心的，可以从心中油然而生出对他人的友好、友善、热爱。一个人生活在世上，不是一个单纯的个体，生命是父母给予的，成长却是社会赋予的。让自己充满热情，是对生命的负责，更多的是对亲人、对社会的负责。

案例分享：

美国最伟大的总统罗斯福，身残志坚，充满着对生命的热爱和对生活的热情，他用心对待每一件事，每一个人，深受美国人民的爱戴。就连他的仆人安德烈的妻子一个小小的愿望，他都放在心上，进而想办法来满足她。

有一天，安德烈的妻子问罗斯福总统野鸭是什么样子，因为她一生没有离开过华盛顿，没有机会到野外看野鸭，罗斯福总统耐心地向她描述野鸭的模样和习性。第二天，安德烈屋子里的电话响了，电话那头传来罗斯福总统的声音，那声音告诉安德烈的妻子，他们楼下院子里的草地上有一只野鸭。安德烈的妻子不仅看到了野鸭，更看见了对面窗户里罗斯福总统微笑的脸庞。跟这样一位充满热情和关怀他人的人在一起，怎能不让人感动呢！

热情可以获得友谊，对一个人热情，就等于你在生活中多交了一位好

友，对每个人来说，热情都是生命中不可缺少的。热情无疑是我们人生中最重要的品质，它是一个人生存和发展的根本，是我们潜在的财富。没有热情，生命的天空就会没有色彩。

热情的人容易成功，而冷漠的人不会有成功的人生，因为他的冷漠不仅营造不了成功的环境，反而禁锢了自己的心灵，也就禁锢了一双飞翔的翅膀。热情的人容易快乐，因为他时刻用欣喜的眼光来看待身边的人和事。让热情成为一种习惯，你的人生将充满阳光和乐趣。

热情是一种对待工作、对待生活最愉悦的态度，更是对生命的奖赏。

热情是一份从心中油然而生出的对人友好、友善、热爱的情感。

热情是一股催发活力、快乐和智慧的神奇力量。

如果你想获得成功和幸福，就要学会对你的工作、你的生活以及你的家人、你的同事充满热情。

热情是你人生旅途中最有效的通行证，把热情当成一种习惯，你的人生将会越来越快乐，越走越顺畅。

第三节　渴望能激发吸引能量

你渴望的程度，可以有力推动你成功。成功最重要的不是技巧，而是渴望。从起跑的那一刻起，你便要透视全局；一个精彩的人生，必须要先有剧本，剧本便是你的目标；软银董事长孙正义说：“起初所拥有的只是梦想和毫无根据的自信，但一切都从这里开始；无论你要做什么，完成什么目标，都要在大脑中有栩栩如生的画面。”

世界第一畅销书作家马克·汉森有一个价值百万美元的指令——“啊，

这是多么美好的一天啊，充满着热情、财富、效益、感恩、爱，POWER（力量）！”

要想做好事情，首先必须充满积极能量，主动调整心态。透过这个简单的口令，可以随时随地专心而有精神，这个口令，就是POWER，力量！

我们可以站起来伸伸懒腰，把声音喊出来。身体弯到右边，喊出来；身体弯到左边，喊出来；脚甩一甩，在原地小跑步，膝盖抬高，继续跑。脚抬高，手举起来，把声音喊出来。

假如你们知道这样做动作，喊力量、力量，可以让你年入百万，找到理想中的伴侣，变得更健康、快乐而有魅力，那你愿意连续做30分钟吗？做以上动作一方面可以引爆肢体，让自己充满能量，另一方面对自己形成暗示，相信一切美好即将降临。

爱因斯坦说：“世界上最伟大的力量是想象力，发挥想象力就要学会使用右脑，右脑用来记忆一切的事务都是用画面的，不是记录文字的。”吃柠檬来感受，其实右脑是能够结合味觉、听觉、视觉、触觉和味觉等各方面的综合信息，当你看到别人揍人的行为的时候，你也会下意识的闪躲，这就是右脑在起作用了。右脑是画面的载体，而且可以组合你没有看到过的东西，比如会飞的猪。把好的画面放大，变亮，对好的感受就会加强了，右脑可以用来记忆好的画面。

把你的经历放入录影机，然后播放，一直看，看最好的画面，然后忽然停止，然后放大，从电视的大小放大到电影的大小，然后变大，变亮，去感受自己当时的感觉，想象这个画面用手抓住，感觉全在手里，握紧在手里，你去感觉后，然后再看第二个画面，抓进来。然后，让我们开始，想象五个画面，然后一个一个的抓到左手，右手抓住全宇宙的力量，然后

两者结合在一起，放到自己的胸膛，宇宙力量就全部在你体内了。

伟大领袖毛主席在革命处于低谷的时候，把未来做了形象的比喻，让全党和全国人民坚定地奋斗到底，他说："我所说的中国革命的胜利，就如同站在海岸遥望海中，已见到桅杆尖头的一艘航船；又如早晨立于高山之巅已见喷薄欲出的一轮红日；又如同躁动在母腹中即将降生的婴儿。"这些形象的比喻，让大家看到未来组织成功的画面，并且坚信不疑。

案例分享：

> 美国民权运动领袖马丁·路德金的演讲《我有一个梦想》是对未来充满希冀的画面典范，他讲道：
>
> 我有一个梦想，有一天，在佐治亚的红色山丘上，曾经的奴隶的儿子和曾经的奴隶主的儿子可以并肩坐在桌旁，如同兄弟……
>
> 我梦想有一天，我的四个小孩会生活在这样一个国家，他们所受到的评价不是基于他们皮肤的颜色，而是他们品性的内涵……
>
> 怀着这样的信念，我们能够一起工作、一起祈祷、一起奋斗，一起坐牢，一起为自由挺身而出，知道我们终将有一天会自由……

成功者拥有强烈的企图心、一定要的决心。他们信奉的哲学是：如果我不能，我就一定要。只要我一定要，我就一定能。成功者把这句话根植在脑海里，变成他的血液、灵魂和行事准则。

你的大脑只装一件事情，不是你所渴望的就是你所恐惧的。如果你不在你的大脑中装你所渴望的，恐惧就会乘虚而入了。我们的渴望程度是我们能力的唯一限制，比如一个业务新手恐惧去拜访客户，业绩公司倒数第一，即将被开除，但此时他的妈妈刚刚住进医院，急需一笔高昂的住院费，否则生命危险。没有想到这样一个没有任何经验的销售新手，却在短短的一周内搞定一位大客户，拿回几十万元的支票，从而挽救了他妈妈的生命。

强烈的企图心带给我们无穷的力量，使我们坚信自己所要的一定会到来，从而影响我们的行为，导致不同的成果和命运。强烈的企图心可以帮助我们攀登任何一座高峰，如果说成功分不同高度的话，对应的一定是不同程度的企图心的大小。强烈的企图心是一切发明创造的起点，是一切激情和专注的源泉，一个有强烈企图心的人，比 99 个心存兴趣的人更有机会达成他的梦想。

曾国藩曾说："士人第一要有志；第二要有识；第三要有恒。有志则不甘为下流；有识则知学问无尽，不甘以一得自足；有恒则断无不成之事，三者缺一不可。"孙中山弃医从政，提出三民主义，推翻腐朽清朝统治；鲁迅弃医从文，用笔戳穿国民党反动派的丑恶嘴脸；毛泽东 16 岁离开家乡，在他父亲的账本里留下"孩儿立志出乡官，学不成名誓不还，埋骨何须桑梓地，人生无处不青山"的诗句。直到新中国成立成功，才回到家乡。这一切都来自强烈的企图心。

成功需要强烈的意愿，达成任何目标也是这样，包括你想减肥、戒烟、赚钱等。当你知道自己想要什么，并且下定决心的时候，整个世界将会给你让路，当一个人决心要达到什么目标的时候，任何的艰难险阻都无法阻挡，人生没有失败，只有提前放弃，只要找对了路，就不要怕路远。

第四节　欲取先予，先满足别人的期待

一旦我们得到一个施展抱负的机会，先要考虑做出对方想要的东西，

他认可的价值标准，然后才是实现自己的愿望。要想得到自己要做的工作，那么首先做好别人需要你做的，在这个基础上逐渐让工作靠近自己想要的。

在人脉竞争的道路上，一定要充满积极能量，保持欲取先予的积极态度。就算付出未必有回报，付出也是必要的。而且不要抱怨那些付出，因为你的抱怨只会适得其反，给对方留下一种目光短浅的印象，因为能给你机会去表现个人的能力就是非常重要的部分，而你到底能否收获，则看你的能力够不够，是否令对方感到满意。

正因为很多人在做事时总是在东挑西挑，总是想这不是我想做的工作，所以往往会采取消极的态度。这十分不可取。因为要是你不努力的话，效果也不会好，别人就很难相信你的能力，也不会再给你机会去做你想要做的。尤其是年轻的时候，更不要抱怨自己做的并非是自己喜欢的职业，而是先努力地回报对方的期待值。也许当你真正付出了辛勤的努力，并从中结出了丰硕果实的时候，你会爱上现在的工作也说不定，但如果你放弃了就一无所获。

案例分享：

小门是一个喜欢文学的青年，他下决心要成为一名出色的纯文学小说家。小门写出了几部长篇小说，投了几家出版社都石沉大海，而自己出版，他又没有钱，于是只好放弃了靠写纯文学作品吃饭的梦想，去给市面上的一些杂志写爱情故事，不料很快就成了当时很红的写手之一，有很多人都非常喜欢他写的爱情故事，也得到了出版商的注意。终于在三年之后，小门出版了自己的第一本长篇小说，曲折地完成了自己由商业向纯文学的过渡。

如果小门固执地去写纯文学，在这个商业社会里可能很难获得成功，甚至落得非常悲惨的境地。还好他很快扭转了自己的心思，去写商业化的作品。在这个过程中，他得到了别人的认可，出版商主动来找他签约，身价肯定比他自己之前出版的作品要高得多。所以，这个故事告诉我们，要成功就不要固执于自己想做的事，而是把自己能做的做好，很可能这个过程中就孕育着你实现理想的契机。

欲取先予是获得商业人脉、快速找到提升机会的不二选择。通过一点一滴的业绩积累，逐步扩大你的权利范围，采取“曲线救国”的方式，这样虽然不能马上实现梦想，但会在未来的某个时刻令你“得来全不费工夫”。

老板激发员工成就感的一个有效策略，就是充分尊重员工的自主性。研究表明，成就需要是基于内在心理体验的一种需要。满足来源于人们对所取得的工作绩效的一种内在心理体验。这种体验包括两种：一种是对工作成果中凝结的个人贡献的体验，一种是将个人贡献与他人比较获得的优势体验。

通常来说，一个人获得的自主性越大，个人在团队中的地位越高，就越能体验到成就感。这就要求领导者在进行管理团队的时候，一定要给予属下充分的自主性。管理者能放的权力，一定要放，让员工发挥最大自由，完成工作任务，这样，当他们完成任务的时候，就有最大程度的实现自我价值的感觉。

实际上，很多管理者并不明白这个道理。他们在带团队的时候，常常

这也管那也管，事无巨细，吹毛求疵。这样就导致员工的自主性没地方发挥，他们被老板束缚住了。在这样公司工作的员工通常是感觉不到多少成就感的，所以他们的工作积极性也很差，他们中的大部分人基本上都处于一种当一天和尚撞一天钟的工作状态。这样的团队显然是没有战斗力的，当然也不会获得持久的发展。相反，在一些著名的公司里，精明的老板总是给员工最大的工作空间，让他们体验主人翁的感觉，而自己只负责鼓励和帮助员工。

大道至简，知易行难。许多人都明白“先成就同伴，后成就自己”的道理，可就是做不到。归根结底，就是自私自利的心思在作怪，他们不愿意把权力和利益与他人分享，而只想自己独占独享。创业者想成功，就要克服这种小家子气的毛病。作为公司的领导者，只有具备先成就别人后成就自己的心胸，并且尽力去实现它，成功就会水到渠成。

第五节　站在善意的角度去思考和交际

我们每个人在世上都要多点儿善良，少点儿邪念；多点儿热心，少点儿冷漠。因为这样，世界会变得更美好，而且这些善意很可能为你植下人脉的种子，终有一天会得到收获。而那些心思邪恶的人，虽然得到眼前一些小利，但长远来看是不利于事业发展的，这样的人总有一天会落得众叛亲离的下场。

案例分享：

一天下午，突然天降大雨，行人们纷纷进入就近的店铺躲雨，一位老妇也蹒跚地走进费城百货商店避雨。所有的售货员都对她视而不见，因为看她简朴的装束，不像是什么有钱人。这时，一个年轻人诚恳地走过来对她说："夫人，我能为您做点儿什么吗？"老妇人莞尔一笑说："不用了，我在这儿躲会儿雨，马上就走。"老妇人随即感到不安了，因为既然进来躲雨却什么也不买似乎不近情理，于是，她开始在百货商店里转起来，哪怕买个头发上的小饰物，也算给自己的躲雨找个心安理得的理由。

正当她犹豫徘徊时，那个小伙子又走过来说："夫人，您不必为难，我给您搬了一把椅子，放在门口，您坐着休息就是了。"两个小时后，雨过天晴，老妇人向那个年轻人道谢，并向他要了张名片，就颤颤巍巍地走出了商店。

几个月后，费城百货公司的总经理詹姆斯收到一封信，信中要求将这位年轻人派往苏格兰接收一份装潢整个城堡的订单，并让他承包自己家族所属的几个大公司下一季度办公用品的采购订单。詹姆斯惊喜不已，匆匆一算，这一封信所带来的利益，相当于他们公司两年的利润总和。

在与写信人联系后才知道，写这封信的正是那位来避雨的老妇人，而这位老妇人是美国亿万富翁"钢铁大王"卡内基的母亲。

詹姆斯马上把这位叫菲利的年轻人推荐到公司董事会上。随后的几年，菲利以他一贯的忠实和诚恳，成为"钢铁大王"卡内基的左膀右臂，事业扶摇直上，终成为美国钢铁行业的重量级人物。

这个故事里，菲利只是秉承着一贯的热心，举手之劳借给了妇人一把

椅子，因而与炙手可热的卡内基攀上了关系，从而走上了所有人梦寐以求的成功之路。

善待他人既是一种美德，同时也是善待自己，是一种个人修养的表现。也许你善待他人不会得到同样的回报，但只要你这样做就会得到自己内心的平和。通过善待别人，你会让自己的心胸宽广，让自己能以平常心来对待世间的不圆满。其实，每个人都希望在生活中追求幸福，但幸福的本质往往就是一种自我的感觉。

遇到有困难的人，能主动去帮助、用爱去温暖他，是高尚的行为。仁慈、同情心和爱心，都是能受到祝福的。祝福，既为那给予者，也为那接受者。在用善念去帮助他人和献出爱心的过程中，我们不仅可以体会到内心的幸福感和成就感，有时无意地“插柳”，也会获得难以想象的宝贵人脉，也许只是一个随手帮助的路人，在未来的某刻也有可能会成为你的贵人。

案例分享：

一个冬天的雨夜，英国国会的一位议员冒雨赶往苏格兰乡村，去发表一次至关重要的演说。在距离目的地还有几英里远时发生意外，马车偏离大道，车轮深陷在了泥泞里，车夫和议员一起推车，费了很大力气仍然无济于事。

两人正一筹莫展之际，一位苏格兰农村青年正好赶着一群马经过这里，看见这种情况便主动上前帮忙，三人齐力终于把马车从烂泥里拉了出来。小伙子的衣服弄得又脏又破，但他坚决拒绝议员用钱来酬谢他。于是，那位议员问他长大后想干什么。

“先生，我想当一名医生。”小伙子回答说。他的回答让这位议员深为感动，并对他的帮忙表示感谢，他说道："这个，我可以帮你。"后来，小伙子在议员的帮助下，终于上了大学。

50多年后，英国首相温斯顿·丘吉尔得了肺炎，生命垂危。由于使用了一种名叫盘尼西林的新药，终于转危为安。后来人们才知道，这种新药是由一位在苏格兰出生的医生亚历山大·弗莱明发明的，而弗莱明就是那位在雨夜帮助国会议员的农村青年，那位国会议员则是温斯顿·丘吉尔的父亲兰多尔夫。

这个故事令闻者无不感动，并被称为世间"最美丽的补偿"。的确，当人们真诚地帮助别人之后，播种下的善良种子却在悄无声息中萌芽并茁壮成长，在一个恰好的时机得到了报偿。其实，当初兰多尔夫在帮助这位青年时料想不到，将来这位青年会有这么高的成就，最后以间接的方式救了自己儿子的命。这种微妙的关系证实了人与人之间是普遍联系着的，这种因果使为善者终获善报，当它们在给予者心中结出丰硕果实的时候，也就是在接受者心中生长出仁慈和爱心之时。

也许有人认为自己生活圈子小，不需要别人帮助，也不用帮助别人，这种想法是错误的。因为人与人之间存在着千丝万缕的联系，已经渗透到了你的日常生活细节之中。所以，每个人都应该改变"鸡犬之声相闻，老死不相往来"那种传统的消极看法，积极地投身结友互助的生活中去。

没有谁的人脉资源是从天而降的，无论多么庞大的人际网络都是一点一滴建立起来的。在生活中，每个人总会有这样那样的烦恼，在不涉及隐私的前提下，我们可以用我们自己的聪明才智和知识技能，帮助朋友们解决烦恼，慢慢培养自己的人脉。因此，想要建立和充实你的人脉网络，广

结善缘是一个基本的方式。

第六节　传递爱，收获爱

在现实的人际交往中，每个人都有遇到困难的时候，因此互帮互助是必不可少的。中国有句俗话叫“一个篱笆三个桩，一个好汉三个帮”。在社会这个大集体中，人与人之间存在着这样、那样的联系，谁也不能脱离社会而单独存在。

我们每个人都应该在别人遇到困难的时候，伸出援助之手，其实在帮助别人的同时，也是为我们自己做人脉储备，以便在自己遇到同样困境的时候，能得到别人的帮助。

案例分享：

清末大商人胡雪岩生平往来人脉充沛，其中影响他成功的有两个关键性人物，一个是杭州知府王有龄，另一个是名臣左宗棠。

胡雪岩与王有龄交往之初，正值其落魄之时。当时还是钱庄伙计的胡雪岩，冒着被炒鱿鱼的危险，慷慨赠予其刚收到的500两银子，供王有龄打通关节做官。结果东窗事发，胡雪岩被开除，沦落到青楼当龟公。

王有龄在得到胡雪岩的500两银子相助后，飞黄腾达，又得到旧日同窗何桂清的帮助，顺利当上了浙江海运局坐办，专门主管海上运粮的事。这个职位在清末是一份很有“油水”的官职，当初帮了他大忙的胡雪岩自然借其力在商界站稳了脚跟。

助胡雪岩事业更上一层楼的大人物左宗棠，与胡雪岩结识时也遇到了一件困难事，那就是攻打杭州缺粮饷。胡雪岩也是仗义出资解决了这个问题，从此与左宗棠结为知己，成为红极一时的红顶商人。

胡雪岩之所以能够成功，与他平时为人仗义，能够在他人困难之时伸出援手有莫大的关系。我们经常说，多个朋友多条路，但要得到朋友的帮助，首先需要帮助别人，要对别人实实在在地付出。

相信积极能量的力量，传递爱，你将收获爱。我们在帮助别人的同时，也获得了别人的认同和感激。当我们遇到困难的时候，你帮助过的人也会站出来扶你一把，从这个意义上说，帮助别人就是帮助自己。

维也纳心理学家爱佛瑞·艾德纳曾说："只有不懂得关怀别人的人，其生活才会面临真正的痛苦，甚至伤及他人。世界之所以充满失败，正是由这些人所造成的。"

在人际网络中，个人只是其中一个小小的节点，只有联合起来才能产生巨大的效应，就像折断一根筷子很容易，但是十根筷子捆在一起想折断就非常困难了，这正是人与人之间团结互助的结果。因此，人要想使自己的价值得到最大的体现，就必须处在一个团队中，奉献自己的力量。

然而环顾我们的周围，有很多人只知道一味要求别人的关怀与帮助，却不知感恩回报他人。可想而知，这些人终其一生都不会得到别人的真心相待。付出与回报往往是公平的，可以说每个人都是自私的，你不去主动关怀别人，也不回馈别人的帮助，自然慢慢就被人打入人脉的冷宫。

为了让我们的人脉更为广阔，每个人都要学会主动帮助别人，经常关注别人，尤其是对方遇到困难的时候，因为我们的每一次付出都将得到回

报。相信水滴石穿，等到有一天可能是你事业最关键的时期，将得到最美丽的回报。

每个人在诞生的那一天都会收到一件生日礼物，这就是世界。那里面装满了作为人所需要经受的一切，不仅有阳光与欢笑，也装满了许多痛苦和眼泪。它既包含着许多魔力、很多奇迹，也有很多混乱。

然而，这正是它的意义所在，这就是生活。当你打开这件礼物，将自己置身于这个世界中的时候，你将永不怀疑生活的价值和意义。

在生活中可以见到这样一种人，他们总是讲："我心中充满了爱，我对爱坚信不疑。"可是当他们询问餐厅女服务员"哪儿有水"的时候，态度却是那样蛮横、轻蔑、高傲。

只有当你用你的行动表明了你的爱时，别人才会相信你心中有爱。

那么，到底什么样的人才算得上是充满爱的呢？首先，他们必须热爱自己。如果你不爱自己，你将永远不会去爱他人。一个人不可能十全十美，但这并不等于说他无关紧要，每个人都有一些别人不具备的东西。

我们在开始一天生活的时候应该提醒自己去爱他人，应该努力去发现世间美好的事物，那么，从外界的反应中，你将发现一个可爱的自我。假如在你卧病在床的时候，身边没有一个人来看看你、没有一个人紧握你的手，这说明你在生活中从未曾伸出过友爱之手去帮助他人。

许多人会说："你总是讲要为他人做些什么，这到底是什么意思？我们能做些什么？"有什么可做的呢？看看你的周围吧！在你身旁就有人需要得到爱的温暖，有一个过马路的老人需要人搀扶，还有个心情不好的女服务员需要引导和鼓励……

这些不都是可以去做的吗？这些虽然不是惊天动地之举，可是做与不做却是大不一样。如果真正把爱这个巨大能源释放出来，我们可以把这整个城市托到空中。

生活本身不是一个目标，而只是你走向某个目标的过程。目标的实现要靠一步一步走，如果每一步都有爱的滋润就会变得扎实而有意义了。

每个人都有爱的能力，但并不是每个人都有爱陌生人的能力。从现在做起吧！这种时刻不是永恒的，它一旦消失就再不复返。我们大多数人在对过去的追悔中度过一生，今天，仍有千百万人在重蹈这个覆辙。有人说，如果给爱下一个定义的话，唯一能够概括其全部含义的字就是“生活”。你一旦失去了爱，也就失去了生活。